westermann

praxis

Berufsorientierung
Arbeitsheft

Herausgeber
Hans Kaminski

Autorin
Ortrud Reuter-Kaminski

Bildquellenverzeichnis
|adpic Bildagentur, Köln: R. Haid 12. |Baaske Cartoons, Müllheim: Puth, Klaus 47. |Bundesinstitut für Berufsbildung (BIBB), Bonn: 53. |Dägling, Andreas, Wardenburg: 23. |Druwe & Polastri, Cremlingen/Weddel: 29. |Fabian, Michael, Hannover: 23. |fotolia.com, New York: 4, 4, 13, 21, 31; Alexander Raths 51; contrastwerkstatt 20, 47; Dietl, Jeanette 49; eyezoom1000 52; Johann Frank 23; Jürgen Priewe 3; Kneschke, Robert 45; Kzenon 54; Matthias Enter 3; Nagel's Blickwinkel 23; Robert Kneschke 23; Schlierner 38; silent_47 43; Trueffelpix 3, 3; wildworx 42; Wodicka/BilderBox 39; Woodapple 22; © mibPhoto 6; © mma23 33. |Görmann, Felix, Rossdorf: 48. |Imago, Berlin: masterpress 30. |iStockphoto.com, Calgary: 23; Petar Chernaev 16; Sladic Titel. |Kleicke, Christine, Hamburg: 9. |Kompetenzzentrum Technik-Diversity-Chancengleichheit e.V./Girls' Day - Mädchen-Zukunftstag, Bielefeld: 14, 14. |Marckwort, Ulf, Kassel: 13 li., 13 re.. |Picture-Alliance GmbH, Frankfurt/M.: dpa-infografik 50. |Römling, Ingo, Berlin: 25. |stock.adobe.com, Dublin: Dietl, Jeanette 12, 28; Ernst, Daniel 24; industrieblick 27; Kzenon 27; Marco2811 34; Sanders, Gina 17. |Studio Schmidt-Lohmann, Gießen: 19.

westermann GRUPPE

Druck A[1]/Jahr 2018
Alle Drucke der Serie A sind inhaltlich unverändert.

Redaktion: Jürgen Schallmann
Umschlaggestaltung/Layout: LIO Design GmbH, Braunschweig/Druckreif!, Braunschweig
Druck und Bindung: westermann druck GmbH, Braunschweig

ISBN 978-3-14-**116000**-0

Symbole

B Texte, die alltägliche Situationen beispielhaft darstellen.

Q Quellentexte, die bereits woanders veröffentlicht wurden.

T Hier findest du weitere Tipps und Hinweise.

Hier erstellst du selbst Informtionen oder recherchierst und wertest Informationen aus.

Im Arbeitsheft wird oft nur die männliche Form genannt, damit die Texte lesbarer sind. Frauen und Männer/ Mädchen und Jungen sind natürlich gleichermaßen gemeint.

Berufswegeplanung

Der Arbeitsmarkt der Zukunft

↓

Meine Fähigkeiten/Meine Interessen
- Was kann ich gut? Was interessiert mich? Was erwarte ich?
- Selbst- und Fremdeinschätzung
- Kompetenzprofil
- Dokumentieren (Berufswahlordner anlegen

↓

Wie kann meine Berufswahl beeinflusst werden?
- Eltern
- Freunde, Bekannte
- Lehrkräfte
- Frauenberufe/Männerberufe?
- Familien-/Lebensplanung
- …

Berufe ordnen und Ausbildungswege untersuchen
- Berufe kennenlernen
- Arbeitswelt im Wandel
- Arbeitsplatzerkundung
- Unterschiedliche Bildungswege
- …

Infoquellen nutzen
- Berufsberatung
- Internet
- Messebesuch
- regionaler Arbeitsmarkt
- …

↓

Entscheidungen treffen

↓

Bewerben
- Bewerbungen schreiben
- Einstellungstest
- Vorstellungsgespräch

↓

Ausbildung

1 Diese Grafik begleitet dich durch das Heft. Markiere hier die Punkte, die du schon bearbeitet hast.

Finde den richtigen Beruf für dich: Ein Gesamtplan

„Man nehme seine beruflichen Interessen, verknüpfe sie mit Berufsfeldern, mixe seine Stärken und Verhaltensweisen dazu – fertig ist der passende Beruf." Das verspricht der Einleitungstext bei www.planet-beruf.de.

Es ist auf jeden Fall eine von mehreren Möglichkeiten, die Berufswahl zu unterstützen. Auf den folgenden Seiten begegnen dir noch weitere Tipps zu deiner Berufswahl.

Ein Fahrplan zur Berufsorientierung

1. Informationsquellen nutzen
Berufsberatung, Berufsinformationszentrum (BIZ), „Beruf Aktuell", „Blätter zur Berufskunde" und Internetrecherche auf www.arbeitsagentur.de nutzen.

2. Was willst du, was kannst du? – Die Berufsberatung
Prüfe deine Erwartungen, Interessen und Fähigkeiten. Lass dich beraten, welcher Beruf oder Ausbildungsweg infrage kommt. Nutze die Hilfen der Schule und der Agentur für Arbeit.

3. Berufswahlmessen, Messebesuche
Weitere Informationen kannst du mit dem Besuch einer Berufswahlmesse sammeln. Du kannst diese Messe z. B. zusammen mit deinen Eltern besuchen. Informationen findest du im Internet oder in der örtlichen Presse.

4. Praktikum/Erkundung
Praktische Erfahrungen zu machen, z.B. im Betriebspraktikum, ist wichtig. Auch die Befragung von Experten oder Arbeitsplatzerkundungen können weiterhelfen.

5. Auswertung
Werte aus, ob deine Erfahrungen im Praktikum, aus Arbeitsplatzerkundungen oder Expertenbefragungen mit dem, was du von deinem zukünftigen Beruf erwartest und was du kannst, übereinstimmen. Welche Alternativen gibt es?

6. Entscheidung
Wenn die Entscheidung für einen Ausbildungsweg oder einen Beruf relativ sicher ist, muss der Ausbildungsmarkt erkundet werden. Was und wo ist etwas möglich?

7. Bewerbung/Anmeldung
Bewerbungsgespräche und schriftliche Bewerbungen sollten in der Schule vorbereitet werden. Die Anmeldungsfristen für weiterführende Schulen müssen beachtet werden.

1 Notiere drei Berufe, über die du schon etwas weißt. Berichte deinem Tischnachbarn von diesen Berufen und beantworte seine Fragen.

____

____

____

Dein Zeitplan zur Berufsorientierung

Das sind die Punkte, die in deinen Zeitplan zur Berufsorientierung aufgenommen werden müssen:

1. Erste Selbsteinschätzung
- Meine Wünsche
- Meine Fähigkeiten
- Meine Interessen
- Fremdeinschätzungen
- Kompetenzprofil erstellen
- Berufswahlportfolio anlegen

2. Anforderungen aus der Berufs- und Arbeitswelt
- Was erwartet mich beim Berufseinstieg in der Arbeitswelt?
- Was wird in der Arbeitswelt von mir erwartet?
- Kann ich mich mit den Anforderungen auseinandersetzen? Wer kann mir helfen?

3. Berufe ordnen und Ausbildungswege untersuchen
- Neuordnung der Berufe anschauen
- Berufe erkunden (Arbeitsplatzerkundung)
- Berufsberatung nutzen
- Ausbildungsmöglichkeiten untersuchen
- Infos zu Berufen regional einholen
- Abwägen: Ausbildung oder Schule

4. Termine beachten
- Job-Messen
- Berufsberatungstermine
- Betriebspraktikum
- Bewerbungsfristen
- Termine zur Anmeldung an weiterführenden Schulen

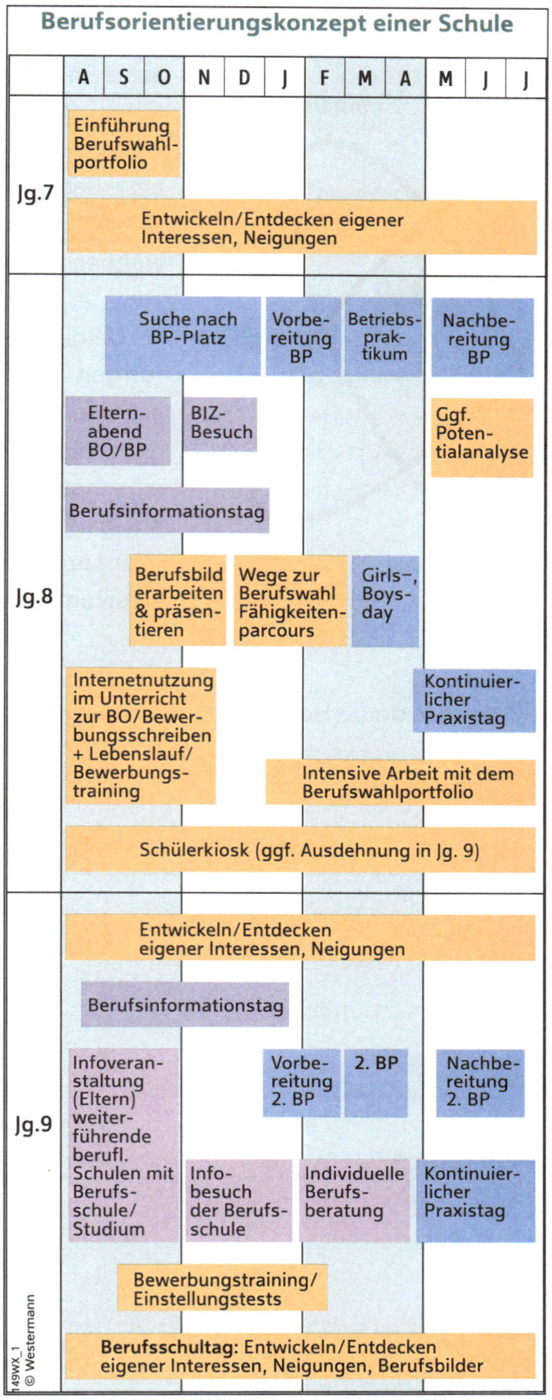

Potentialanalyse: Untersuchung, was du gut kannst

1 Besorgt euch den Berufsorientierungsplan eurer Schule und markiert die für euer Konzept wichtigen Termine.

2 Erstelle deinen persönlichen Zeitplan zur Berufsorientierung mit einer Zeitleiste. Erkundige dich vorher bei Lehrkräften, bei der Berufsberatung oder im Internet, wann Fristen gesetzt werden, die für dich von Bedeutung sind (z. B. Termine für die Anmeldung zu weiterführenden Schulen).
Orientiere dich bei der grafischen Gestaltung an dem abgebildeten Zeitplan.

Was interessiert dich? Was erwartest du? Was kannst du?

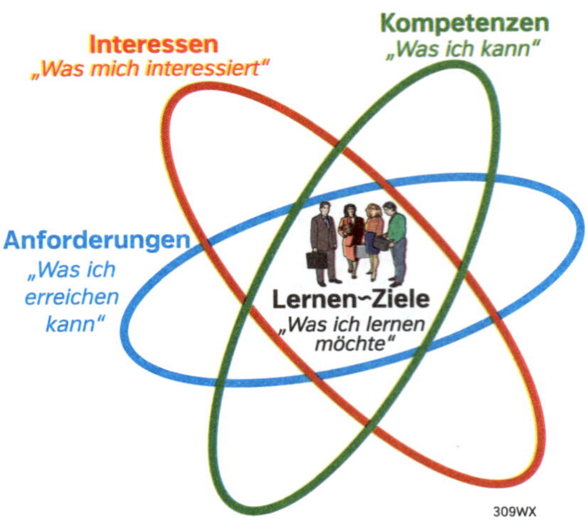

Dieses Arbeitsheft ist eine Möglichkeit, dich ganz persönlich auf deine bevorstehende Berufs- oder Studienwahl vorzubereiten. Du musst Informationen einholen, herausbekommen, was du möchtest, Entscheidungen treffen und dich bewerben. Lege dir einen **Berufswahlordner** an. Darin kannst du alle Informationen abheften, die du im Laufe deiner Berufswahl sammelst. So kannst du jederzeit darauf zurückgreifen.

Deine **Interessen**, deine **Fähigkeiten** und deine **Erwartungen** an dein Leben beeinflussen deine Berufswahl in entscheidendem Maße. Deshalb solltest du in diesen Punkten ganz ehrlich mit dir selbst sein und dich auch von anderen einschätzen lassen. Nutze dazu die Selbsterkundungsbögen auf den folgenden Seiten. Mit den Ergebnissen solltest du dich sorgfältig auseinandersetzen. Hefte alles in deinem Berufswahlordner ab.

1 **Notiere deine Hobbys, Lieblingsfächer und Interessen.**

a) Hobbys: ______________________

____

____

b) Lieblingsschulfächer: ______________________

____

c) Interessen: ______________________

____

____

____

2 **Fasse deine Ergebnisse kurz zusammen:** ______________________

____

____

____

____

Selbsteinschätzung – Fremdeinschätzung

Selbsteinschätzung: Wie sehe ich mich selbst?

Es ist sehr wichtig, dass du deine Fähigkeiten kennst. Die Tabelle hilft dir bei der Einschätzung. Sei ehrlich mit dir selbst.

Es hat beispielsweise keinen Sinn, Buchhändler zu werden, allein weil du dich sehr für Bücher interessierst. Du musst auch Freude am Umgang mit Menschen haben, denn im Berufsalltag wirst du viel mit Kunden zu tun haben. Außerdem solltest du keine Probleme mit langem Stehen haben.

Fähigkeiten	kann ich/ist bei mir		
	👍👍👍	👍👍	👍
körperliche Leistungsfähigkeit			
Gesundheit			
räumliche Vorstellungskraft			
rechnerisches Denken			
Sprachgewandtheit			
logisches Denken			
Kontaktfähigkeit			
Gewissenhaftigkeit			

Fähigkeiten	kann ich/ist bei mir		
	👍👍👍	👍👍	👍
Ausdauer			
Ideenreichtum			
Hand- und Fingergeschick			
Pünktlichkeit und Korrektheit			
Hilfsbereitschaft			
Entscheidungsfreude			
Offenheit für Neues			
Organisationstalent			

Fremdeinschätzung: Wie sehen mich andere?

Du selbst siehst deine Fähigkeiten natürlich aus deiner Sicht. Einige Menschen neigen dazu, bei sich hauptsächlich die Stärken zu sehen. Andere achten vor allem auf ihre Schwächen.

Hole eine zweite Meinung ein, um ein sachliches Bild von dir selbst zu erhalten. Du kannst deine Eltern, Verwandte, Freunde, aber auch deine Lehrer bitten, dich einzuschätzen. Beachte, dass nicht jede Person dich gleich gut beurteilen kann und auch nicht jeder unbedingt ehrlich ist (weil er dich z. B. nicht verletzen möchte).

1 **Notiere die Personen, von denen du dich einschätzen lassen möchtest. Begründe kurz deine Entscheidung.**
Für die Fremdeinschätzung kannst du die Fragebögen auf der nächsten Seite kopieren.

____

____

____

Kopiervorlage: Fremdeinschätzungsbogen

Ausgefüllt von ______________________________

für ______________________________

Sie/er kann besonders gut:

1. ______________________
2. ______________________
3. ______________________

Sie/er kann nicht so gut:

1. ______________________
2. ______________________
3. ______________________

Sie/er interessiert sich für: ______________________________

____

Mit Menschen kann sie/er: sehr gut / gut / nicht so gut umgehen.

Ich meine, folgende Berufe passen zu ihr/ihm: ______________________________

____

Ausgefüllt von ______________________________

für ______________________________

Sie/er kann besonders gut:

1. ______________________
2. ______________________
3. ______________________

Sie/er kann nicht so gut:

1. ______________________
2. ______________________
3. ______________________

Er/sie interessiert sich für: ______________________________

____

Mit Menschen kann er/sie: sehr gut / gut / nicht so gut umgehen.

Ich meine, folgende Berufe passen zu ihm/ihr: ______________________________

____

Erstelle dein Kompetenzprofil

Kompetenzen sind Fähigkeiten, die du gelernt hast. Du nutzt sie gezielt, um bestimmte Probleme zu lösen. Kompetenzen lassen sich in fünf verschiedene Obergruppen einteilen: Sozialkompetenzen, Methodenkompetenzen, Personale Kompetenzen, Berufsspezifische Kompetenzen und Kulturtechnische Komepetenzen.

1 **Fülle die Tabelle aus. Trage dir Noten von 1–6 für die Kompetenzen ein. Lass dich auch von Eltern und Freunden beurteilen. Achte darauf, dass schon eingetragene Noten verdeckt sind. Vergleiche die Ergebnisse.**

Bereiche	Selbsteinstufung Note	Fremdeinstufung Note	Fremdeinstufung Note	Fremdeinstufung Note
Sozialkompetenzen:				
Kommunikationsfähigkeit				
Teamfähigkeit				
Kritikfähigkeit				
Methodenkompetenz				
Planungsfähigkeit				
Präsentationsfähigkeit				
Problemlösefähigkeit				
PC-Kenntnisse				
Personale Kompetenzen				
Durchhaltevermögen				
Ordentlichkeit				
Selbständigkeit				
Konzentrationsfähigkeit				
Berufsspezifische Kompetenzen				
Feinmotorik				
Arbeitsgenauigkeit				
Räumliche Vorstellung				
Arbeitstempo				
Kulturtechnische Kompetenzen				
Umgang mit Schriftsprache				
Umgang mit Rechenarbeiten				

Ich habe die Einschätzungen verglichen und festgestellt, dass ______________________

____

____

Viele, viele Einflüsse auf meine Berufswahl!

Wer heute in Deutschland vor der Entscheidung steht, welchen Beruf er ausüben möchte, hat nur scheinbar eine unabhängige und freie Wahl.

Onkel Sergey ist auf der Baustelle vom Gerüst gestürzt.

Mit diesen Noten kannst Du nur Putzen gehen!

Ein Mädchen auf der Baustelle? Das geht gar nicht!

Im Fernsehen gibt es nur Superstars - keine Maurer.

Keiner meiner Freunde arbeitet auf einer Baustelle.

1 Finde weitere Beispiele, die deine Berufswahl beeinflussen können. Begründe!

Beispiel	Begründung
Berufsberatung: es werden immer mehr Altenpfleger gebraucht	*zeigt einen Beruf mit geringer Arbeitslosigkeit in den nächsten Jahren*

2 Begründe, warum Eltern eine wichtige Rolle bei der Berufswahl einnehmen.

Beruf und Familie

Möchtest du später eine Familie haben? Naütrlich kann diese Überlegung Einfluss auf deine Berufswahl haben.

Viele Frauen und Männer haben eine Erwerbsarbeit und führen gleichzeitig ihren Haushalt. Sie haben dadurch eine Doppelbelastung. Einerseits sehen sie sich ihrer Familie gegenüber verpflichtet, anderseits möchten sie auch weiterhin beruflich tätig sein.

Es gibt verschiedene Möglichkeiten, Familie und Arbeit unter einen Hut zu bringen.

Deine Zukunft mit Familie?

1 **Befragt zwei Frauen in unterschiedlichem Alter (z. B. deine Großmutter und deine Mutter) nach ihren Erfahrungen. Was hat sich nach der Geburt ihrer Kinder in ihrem Arbeitsleben geändert? Wie haben sie sich in dieser besonderen Situation beholfen?**

2 Tragt die Ergebnisse in der Klasse zusammen und vergleicht diese.

Frauenberufe – Männerberufe

Noch immer lässt sich in der Arbeitswelt eine deutliche Aufteilung in „typisch männliche“ und „typisch weibliche“ Berufe erkennen. Das heißt vor allem: junge Erwachsene wählen nicht aus dem gesamten Berufsangebot, das ihnen zur Verfügung steht.

Daran soll beispielsweise der Zukunftstag – auch Girls’Day bzw. Boys’Day genannt – etwas ändern. Mädchen und Jungen sollen an diesem Tag in einen für ihr Geschlecht „untypischen“ Beruf hineinschnuppern.

1 **Überlege warum der Zukunftstag (Girls’Day Boys’Day) besonders wichtig ist.**

2 **Berichte über deine Erfahrungen, von einem Zukunftstag, den du erlebt hast.**

Zukunftstag im Unternehmen:

Das hat mir gut gefallen:

Das hat mir nicht gefallen:

Das hat mich überrascht:

Chancengleichheit?

Q Der durchschnittliche Bruttostundenverdienst der Arbeitnehmerinnen in Deutschland liegt deutlich unter dem ihrer männlichen Kollegen. Während Frauen im Jahr 2016 pro Stunde 16,26 Euro verdienten, erzielten Männer einen Stundenlohn von 20,71 Euro. [...]

Aus den genannten Verdiensten für Männer und Frauen ergibt sich für das Jahr 2016 ein Unterschied von rund 21 %. EU-weit – hier beziehen sich die aktuellsten Zahlen auf das Jahr 2015 – zählt Deutschland damit zu den Staaten mit dem höchsten Lohnabstand (2015: 22 %). Lediglich Estland (27 %) und die Tschechische Republik (23 %) verzeichneten ein im Vergleich zu Deutschland höheres Verdienstgefälle. [...]

Zu den wichtigsten Unterschieden zählen dabei die zwischen weiblichen und männlichen Arbeitnehmern unterschiedlich ausfallende Berufs- bzw. Branchenwahl sowie die zwischen den Geschlechtern ungleiche Besetzung von Positionen. Darüber hinaus waren Frauen eher teilzeit- oder geringfügig beschäftigt. ■

Aus: © Statistisches Bundesamt (Destatis), Verdienste auf einen Blick, 2017, S. 18f. (vereinfacht)

1 Lies den Quellentext sorgfältig durch. Markiere Wörter, die du nicht verstanden hast. Klärt diese Wörter in der Kleingruppe/Klasse.

2 Gib in eigenen Worten die wichtigste Aussage für jeden Absatz wieder.

- ______________________________

- ______________________________

- ______________________________

3 Ermittelt in der Gruppe Gründe für die ungleiche Bezahlung von Männern und Frauen. Bezieht euch dabei auch auf den Quellentext.

____

____

____

____

3 Lohn und Gehalt im Berufsleben hängen auch davon ab, welche Aufstiegschancen man hat. Männer haben hier deutliche Vorteile. Suche nach Erklärungen dafür.

____

____

____

____

Erkunde einen unbekannten Beruf

Der Arbeitsplatz eines Gärtners

Es gibt über 350 anerkannte Ausbildungsberufe. Darunter sind viele von denen Du noch nichts gehört hast. Vielleicht ist unter den unbekannten Berufen einer der gut zu Dir passt.

1 **Suche in „BERUFENET" nach drei dir unbekannten Berufen, die interessant klingen. Nutze die Suche über Tätigkeitsfelder oder über Berufsfelder. Informiere dich kurz über diese Berufe. Notiere hier die Bezeichnungen.**

T www.berufenet.arbeitsagentur.de

____

____

____

2 **Wähle einen Beruf aus und stelle ihn auf dieser Seite vor.**

Bezeichnung: ______________________________

Typische Tätigkeiten: ______________________________

____

____

____

Arbeitsorte (drinnen/draußen, ...): ______________________________

____

Womit arbeitet man (Werkzeuge, Computer, ...)?: ______________________________

____

____

____

Welche besonderen Anforderungen gibt es?: ______________________________

____

____

____

Ich untersuche Berufe

Berufe stellen unterschiedliche Anforderungen an Arbeitnehmer. Vergleiche deine Fähigkeiten und Interessen mit den Anforderungen deines Wunschberufes. So kannst du die Gefahr einer Fehlentscheidung verringern. Natürlich musst du auch prüfen, welcher Schulabschluss oder welche Berufsausbildung für deinen Wunschberuf notwendig ist. Vielleicht musst du sogar studieren.

Informationen über die Anforderungen in einzelnen Berufen findest du in den Berufsbeschreibungen aus „BERUF AKTUELL“. Dieses Buch erhältst du kostenlos bei der Bundesagentur für Arbeit. Ausführliche Informationen findest du auch im Internet: www.berufenet.arbeitsagentur.de.

Der Arbeitsplatz eines Zimmerers

1 **Fülle die folgende Tabelle für drei Berufe aus, die du dir für deine Zukunft vorstellen kannst. Nimm Berufe aus zwei unterschiedlichen Berufsfeldern.**

Berufsmerkmale	**Beruf 1:**
Was sind meine Aufgaben und meine Tätigkeiten?	
Wo arbeite ich? (Im Freien, im Gebäude usw.)	
Mit welchen Arbeitsmitteln muss ich umgehen? (Werkzeuge, Geräte usw.)	
Was ist der Gegenstand, mit dem ich umgehe? (Menschen, Pflanzen usw.)	
Welche beruflichen Anforderungen werden gestellt?	
Welche schulischen Voraussetzungen werden gefordert?	

Berufsmerkmale	**Beruf 2:**
Was sind meine Aufgaben und meine Tätigkeiten?	
Wo arbeite ich? (Im Freien, im Gebäude usw.)	
Mit welchen Arbeitsmitteln muss ich umgehen? (Werkzeuge, Geräte usw.)	
Was ist der Gegenstand, mit dem ich umgehe? (Menschen, Pflanzen usw.)	
Welche beruflichen Anforderungen werden gestellt?	
Welche schulischen Voraussetzungen werden gefordert?	

Ich untersuche Berufe

Berufsmerkmale	Beruf 3
Was sind meine Aufgaben und meine Tätigkeiten?	
Wo arbeite ich? (Im Freien, im Gebäude usw.)	
Mit welchen Arbeitsmitteln muss ich umgehen? (Werkzeuge, Geräte usw.)	
Was ist der Gegenstand, mit dem ich umgehe? (Menschen, Pflanzen usw.)	
Welche beruflichen Anforderungen werden gestellt?	
Welche schulischen Voraussetzungen werden gefordert?	

2 **Werte die Tabellen aus und notiere dir an dieser Stelle, welche Berufe für dich infrage kommen. Begründe deine Entscheidung.**

Beruf 1: ______________________

Begründung: ______________________

____

____

____

Beruf 2: ______________________

Begründung: ______________________

____

____

____

Beruf 3: ______________________

Begründung: ______________________

____

____

____

Arbeitsplatzerkundung

Wenn ihr etwas über Arbeitsplätze in einem Unternehmen erfahren wollt, müsst ihr die Arbeitsplätze erkunden. So könnt ihr erfahren, was eine Person an einem Arbeitsplatz macht: unter welchen Bedingungen sie arbeitet, welche Qualifikation sie benötigt usw.

Das Ergebnis ist z. T. unterschiedlich – je nachdem, aus welcher Sicht ihr den Platz betrachtet. Für die Geschäftsleitung, die „Chefin" oder den „Chef", ist der Arbeitsplatz in erster Linie eine „Stelle". Wer auf ihr sitzt, muss bestimmte Aufgaben erledigen. Für die Arbeitsperson ist der Blickwinkel anders.

Arbeitsplatzerkundungen haben einen immer wiederkehrenden Ablauf: Wo wird etwas getan? Was wird getan? Wie wird etwas getan?

Der Arbeitsplatz eines Kfz-Mechatronikers

B MERKMALE EINES ARBEITSPLATZES

Wer einen Arbeitsplatz aus der Sicht der Arbeitsperson untersuchen will, sollte sieben Merkmale zur Unterscheidung von Wichtigem und Unwichtigem kennen.

Beispiel Kfz-Mechatroniker:

1. Arbeitsaufgabe: Reparatur von Personenkraftwagen
2. Eingabe (input): Dazu gehören die Materialien und die Informationen, die zur Erfüllung der Arbeitsaufgabe erforderlich sind, etwa Öle, Farben, Schaltpläne usw.
3. Betriebsmittel: Geräte, Maschinen, Anlagen, Computer, spezialisierte Software die zur Erfüllung der Arbeitsaufgabe nötig sind
4. Arbeitsablauf: die notwendigen Arbeitsschritte, die zu erledigen sind
5. Arbeitssituation: z. B. Einzelarbeit oder Teamarbeit
6. Umgebungseinflüsse: Einflüsse, die auf den Arbeitsplatz einwirken, z. B. Lärm, Schmutz, Kälte, Wärme, blendendes Licht
7. Ausgabe (output): das Arbeitsergebnis in Form eines Produkts oder einer Dienstleistung ■

1. Vorbereitung:
Soll mit dieser Methode erfolgreich gearbeitet werden, ist die Erkundung sorgfältig vorzubereiten. Als Hilfsmittel der Beobachtung könnt ihr das Beispiel benutzen.

2. Durchführung:
Die Arbeitsplatzerkundung wird nach dieser Vorbereitung durchgeführt.

3. Auswertung:
Die Ergebnisse dieser Arbeitsplatzerkundung werden dann in der Klasse besprochen, um sie im Unterricht für die weitere Arbeit zu nutzen.

Erkundung des Arbeitsplatzes eines Bäckers – ein Vorschlag

Für einen Erkundungsbogen müsst ihr passende Fragen formulieren. Ein Teil der Fragen ergibt sich aus dem Vergleich zwischen der Arbeit, die ihr geleistet habt, und der Arbeit in der Bäckerei. Weitere Fragen entwickelt ihr aus der Grafik auf dieser Seite.

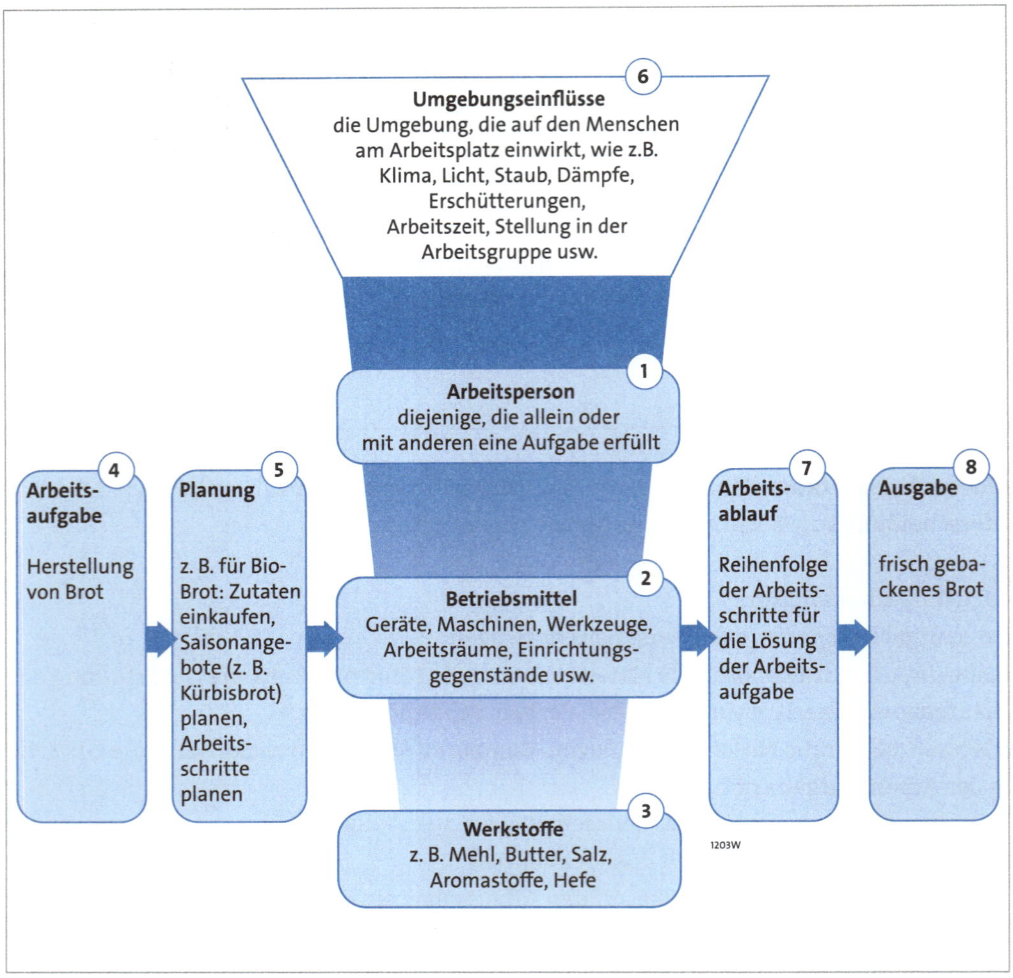

Merkmale des Arbeitsplatzes eines Bäckers. Die Nummern zeigen die Reihenfolge der Beobachtungen.

Der Arbeitsplatz eines Bäckers

B ERKUNDE MIT DIESEN AUFGABEN DEN ARBEITSPLATZ EINES BÄCKERS

1 Beobachte den Arbeitsablauf bei der Herstellung einer Backware.

2 Nenne die verwendeten Zutaten.

3 Notiere die Zeit, die der Arbeitsprozess erfordert.

4 Ein Kunde bestellt Brötchen für eine Feier vor. Nenne die notwendigen Arbeitsschritte, um den Auftrag zu erfüllen. ■

Berufe verändern sich

Q KAUFMANN UND KAUFFRAU IM E-COMMERCE BRANCHENÜBERGREIFENDER AUSBILDUNGSBERUF FÜR BOOMENDEN ONLINEHANDEL

Arbeitsplatz einer Kauffrau im E-Commerce

Bonn, 09.01.2018: Der Onlinehandel boomt. Aufgrund dieser Entwicklung wird es ab dem 1. August 2018 den neuen dualen Ausbildungsberuf „**Kaufmann/Kauffrau im E-Commerce**“ geben. Er ist der erste neue kaufmännische Ausbildungsberuf seit zehn Jahren und auf diesen speziellen Wachstumsmarkt zugeschnitten. E-Commerce-Kaufleute sind in Unternehmen tätig, die Waren oder Dienstleistungen online vertreiben – nicht nur im Groß- und Außenhandel, im Einzelhandel oder der Tourismusbranche, sondern auch bei Herstellern und Dienstleistern. Gemeinsam mit den Sozialpartnern und Sachverständigen aus der betrieblichen Praxis hat das **Bundesinstitut für Berufsbildung (BIBB)** im Auftrag der Bundesregierung die neue dreijährige Ausbildungsordnung erarbeitet. [...]

Das neue Ausbildungsangebot richtet sich an Schülerinnen und Schüler mit Hauptschulabschluss, mittleren und höheren Schulabschlüssen. Hilfreich sind eine Medienaffinität und das Interesse, sich ständig mit neuen Entwicklungen im Online-Vertrieb und in den Vertriebskanälen auseinanderzusetzen. ■

Quelle: Bundesinstitut für Berufsbildung (BIBB), Bonn. 02/2018, 02.01.2018 (Zugriff 14.06.2018)

1 Lies den Text aufmerksam durch. Markiere die wichtigsten Stellen.

2 Bearbeite folgende Aufgaben zum Text:
Benenne den neuen Beruf und das Datum, an dem der Beruf geschaffen wurde.

____

Begründe, warum der Beruf notwendig geworden ist.

____

____

____

____

____

3 Suche nach weiteren Beispielen für neue Ausbildungsberufe in den letzten fünf Jahren und notiere sie.

____

____

____

T
www.bibb.de
www.berufe-net.arbeits-agentur.de

Lebenslanges Lernen: eine Weiterbildung

Entwicklungen auf dem Arbeitsmarkt – Fit für die Berufswahl

Als Berufswähler gestaltet ihr den Entscheidungsprozess für eure Berufswahl. Ihr vergleicht eure Ziele und Erwartungen mit den Anforderungen der Arbeitswelt. Ihr beurteilt später den Wandel der Arbeitswelt im Hinblick auf die eigene Berufsorientierung. Es ist wichtig, auch Veränderungen und die Zukunft ständig im Auge zu haben.
Hier zwei Beispiele:

Q A) WER BLICKT DA NOCH DURCH, IMMER NEUE BERUFE

Noch nie was vom Kerzenhersteller und Wachsbildner gehört? Das kann gut sein, denn so heißt der Ausbildungsberuf des früheren Wachsziehers erst seit dem 1. August 2015. Wenn dir schon ein Traumberuf vorschwebt, solltest du besser noch einmal prüfen, ob sich die Ausbildungsverordnung nicht geändert hat oder der Beruf nun anders heißt. Denn einmal im Jahr nimmt sich das Bundesinstitut für Berufsbildung, kurz BIBB, in die Jahre gekommene Ausbildungsberufe vor und modernisiert sie oder entwickelt sie weiter. [...]
Das können Kleinigkeiten sein, z. B. dass „nur" der Name wechselt, oder auch [...], dass die Ausbildungsinhalte um neue Teilbereiche erweitert werden oder sich die Prüfungsanforderungen ändern. ■

nach: AZUBIYO GmbH, München 2015 (http://blog.azubiyo.de/ausbildung/neue-berufe-2015, Zugriff 06.02.2017)

Q B) DIE ZUKUNFTSTRENDS AUF DEM ARBEITSMARKT

Die Arbeitsmarktstrukturen verändern sich und die Zeiten, in denen man vom ersten bis zum letzten Tag seines Berufslebens mit ein und demselben Job seine Brötchen verdient, gehören immer mehr der Vergangenheit an.

Jobhopper im Kommen
Sichere Arbeitsverhältnisse mit Kündigungsschutz und anderem mehr werden in Zukunft eher Ausnahmen sein. Stattdessen werden die meisten Berufstätigen als „Jobhopper" eine ganze Palette von verschiedenen Arbeiten ausführen müssen, um ihren Lebensunterhalt sichern zu können. Versteift euch bei eurer Karriereplanung also nicht darauf, eine Festanstellung zu bekommen, die euch bis zum Rentenalter nährt. ■

nach: wissen.de, Konradin Medien GmbH, o.ED. (www.wissen.de/die-zukunftstrends-auf-dem-arbeitsmarkt, Zugriff 13.08.2018)

1 **Entwerft in Stichworten Möglichkeiten, wie ihr euch auf zukünftige Entwicklungen auf dem Arbeitsmarkt vorbereiten könnt. Diskutiert diese anschließend in der Gruppe.**

Unterschiedliche Beschäftigungsverhältnisse

1 Ordne die Beschäftigungsverhältnisse den Beschäftigten auf den Fotos zu: Teleheimarbeit, Zeitarbeit, Normalarbeitsverhältnis, geringfügig entlohnte Beschäftigung, befristete Beschäftigung, Leiharbeit.

Wo kann man wie viel verdienen?

Unterschiedliche Berufe werden unterschiedlich entlohnt. Aber auch in gleichen Berufen sind Löhne und Gehälter oft verschieden. Das hat mehrere Gründe: Betriebe sind unterschiedlich groß und finanzstark. Nicht alle Unternehmen bezahlen nach Tarifvertrag, sodass es in ein und derselben Branche deutliche Abweichungen bei der Bezahlung geben kann. Auch die Berufserfahrung der Mitarbeiter spielt bei der Vergütung eine Rolle.

Hier ein Überblick über die monatliche Durchschnittsbruttolöhne und -gehälter der häufigsten Berufe.

Q WO KANN MAN WIEVIEL VERDIENEN?

1.	Bürokaufmann/ frau	Ø 2 269 €
2.	Industriekaufmann/ frau	Ø 2 697 €
3.	Steuerfachangestellte/ r	Ø 2 419 €
4.	Kaufmann/ frau im Groß- und Außenhandel	Ø 2 547 €
5.	Sachbearbeiter/ in (Büro)	Ø 2 441 €
6.	Speditionskaufmann/ frau	Ø 2 702 €
7.	Einzelhandelskaufmann/ frau	Ø 2 029 €
8.	Sekretär/ in	Ø 2 857 €
9.	Softwareentwickler/ in	Ø 3 987 €
10.	Controller/ in	Ø 4 398 €
11.	Bankkaufmann/ frau	Ø 3 174 €
12.	IT-Systemadministrator/ in	Ø 3 371 €
13.	Geschäftsführer/ in	Ø 8 055 €
14.	Arzthelfer/ in	Ø 2 261 €
15.	Bilanzbuchhalter/ in	Ø 3 597 €

Quelle: https://www.gehaltsvergleich.com/ (Zugriff: 12.06.2018)

1 Ermittle den Beruf mit dem höchsten und dem niedrigsten Durchschnittsgehalt in der Tabelle. Suche Erklärungen für den Unterschied.

2 Stelle eine Vermutung an und begründe sie: Warum ist das Gehalt zwischen einer Softwareentwicklerin und einer Arzthelferin so unterschiedlich?

Schulabschluss – Wie geht es weiter?

Am Ende der Sekundarstufe I stehen dir mehrere Wege offen: Mit guten Noten kannst du weiter zur Schule gehen. Du erreichst einen höheren Schulabschluss und studierst vielleicht.

Verlässt du die Schule kannst du beispielsweise zwischen einer betrieblichen oder einer schulischen Berufsausbildung wählen. Oder du besuchst für ein Jahr eine Berufseinstiegsklasse bzw. ein Berufsvorbereitungsjahr. Im deutschen Bildungssystem gibt es viele Wege und Möglichkeiten!

Bildungswege vom Abschluss zur Ausbildung

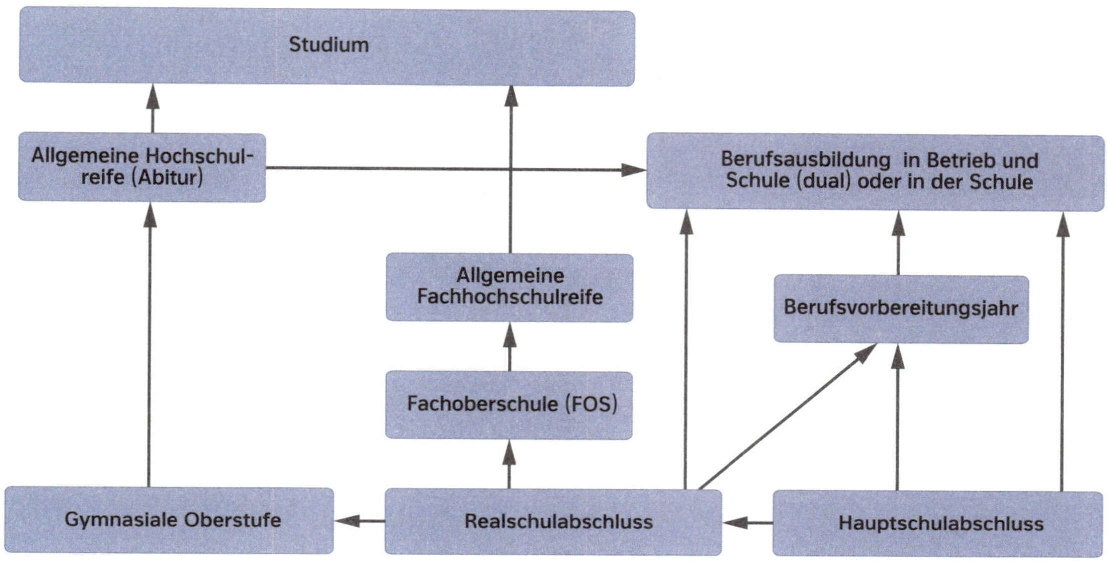

Kaya, erweiterter Realschulabschluss mit guten Noten geht weiter zur Schule; Ziel Abitur und Studium

Mats, Realschulabschluss nach der 10. Klasse: duale Ausbildung als Mechatroniker

Leon, Realschulabschluss, dann Fachoberschule; Ziel: Fachhochschulreife

Freya, Berufsvorbereitungsjahr nach der 9. Klasse; Ziel: Ausbildung zur Verkäuferin

1 Diskutiert in der Gruppe: Welche der genannten Wege sprechen euch an? Sammelt eure eigenen Vorstellungen zu Anschlussmöglichkeiten.

____

____

____

____

Bildungswege nach dem Hauptschulabschluss

Die Grafik von S. 25 stellt eine von vielen Möglichkeiten dar, wie es nach Klasse 9 oder 10 weitergehen könnte. Nun bist du dran.

1 **Erstelle eine Grafik mit deinem angestrebten Bildungsweg. Berücksichtige dabei deine Wünsche, Schulnoten und die Möglichkeiten in deinem Bundesland. Starte mit dem Schulabschluss, den du erwerben willst.**

2 **Erstelle eine weitere Grafik mit deinem „Plan B". Welchen anderen Weg gibt es für dich, wenn es mit der ersten Möglichkeit nicht klappt?**

T Kannst Du schon Namen nennen, etwa von einem Ausbildungsbetrieb? Füge sie ein.

„Plan A"	*„Plan B"*

Die duale Berufsausbildung

Viele Berufsausbildungen in Deutschland werden als duale Ausbildung angeboten. „Dual“ bedeutet, dass die Auszubildenden an zwei Lernorten lernen: Im Unternehmen und in der Berufsschule.

Das kann zum Beispiel so aufgeteilt sein, dass die Auszubildenden an vier Tagen in ihrem Ausbildungsbetrieb arbeiten und an einem Tag in die Berufsschule gehen. Manchmal findet der Berufsschulunterricht auch in einem Block über mehrere Wochen statt. Für die Arbeit im Betrieb erhalten die Auszubildenden ein Ausbildungsgehalt.

Um eine duale Ausbildung zu beginnen, benötigt man keinen bestimmten Schulabschluss. Jedes Ausbildungsunternehmen legt die Einstellungsvoraussetzungen für seine zukünftigen Auszubildenden selbst fest.

Bei einem Abschluss der Berufsausbildung mit guten Noten erwerben Auszubildende zusätzlich (falls noch nicht vorhanden) einen Hauptschulabschluss oder einen Realschulabschluss. Eine ausgebildete Fachkraft kann vom Betrieb übernommen werden. Es stehen ihr aber auch viele weitere Karrierewege offen.

Lernen in der Schule

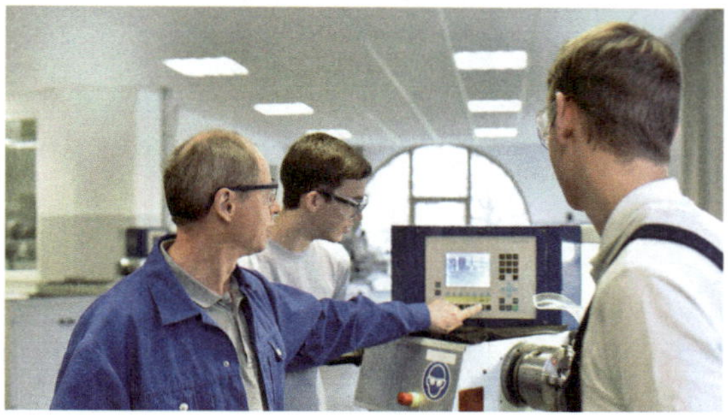

Lernen im Betrieb

1 **Erkläre, wofür der Begriff „dual“ bei der dualen Berufsausbildung steht.**

____

____

____

2 **Suche Argumente, warum eine duale Ausbildung gut für dich ist.**

____

____

____

____

3 **Ermittle mithilfe der Seite www.berufenet.arbeitsagentur.de drei Ausbildungsberufe, die dich interessieren können und als duale Ausbildung angeboten werden.**

1. ______________________________

2. ______________________________

3. ______________________________

Die Berufsberatung

Wenn es um die Berufswahl nach der Schule geht, kann an erster Stelle die Arbeitsagentur helfen. Weitere Informationen über Ausbildungsberufe findest du auch auf den Internetseiten

- der Handwerkskammern der Länder (Stichwort „Ausbildung"): www.handwerkskammer.de
- des Deutscher Industrie- und Handelskammertags: www.dihk.de
- des Zentralverbands des deutschen Handwerks: www.zdh.de

1 Analysiere dich das Angebot der Agentur für Arbeit. Trage ein, was für dich wichtig ist.

Angebot:	Was ist für mich wichtig?
1. Berufsdatenbank der Bundesagentur für Arbeit: www.berufenet.arbeitsagentur.de	
2. „abi >> dein Weg in Studium und Beruf" – Magazin der Bundesagentur für Arbeit: www.abi.de	
3. Zentrale Auslands- und Fachvermittlung (ZAV) der Bundesagentur für Arbeit: www.arbeitsagentur.de/web/content/DE/service/Ueberuns/WeitereDienststellen/ZentraleAuslandsundFachvermittlung/index.htm	
4. Berufe-Universum: www.planet-beruf.de	
5. Aus- und Weiterbildung: www.kursnet-finden.arbeitsagentur.de	

2 Nenne einen Beruf, der für dich infrage kommt und seine wesentliche Tätigkeit. Recherchiere Betriebe in deiner Region, wo du in diesem Beruf ein Praktikum oder eine Ausbildung machen könntest.

Was erwartet die Berufsberatung?

B *Frage 1: Wenn die Schüler den ersten Termin bei Ihnen haben, was erwarten Sie?*
Die Schüler sollten sich Gedanken über ihre Interessen und Fähigkeiten gemacht haben. Sie sollten wissen, welchen Schulabschluss sie anstreben. Außerdem sollten sie klar benennen können, was ihnen in der Schule schwer oder leicht fällt.

Frage 2: Wie können Schüler durch Eigeninitiative viel über Berufe erfahren?
Durch Praktika. Sie können Messen oder Betriebe am „Tag der offenen Tür“ besuchen. Sie können mit den Eltern zur Arbeit gehen und im Alltag die Augen offen halten was Arbeitnehmer im Beruf tun.

Frage 3: Wenn man die Schule nach der 10. Klasse verlässt, wann sollte man dann spätestens einen Plan für die Berufswahl haben?
Am Anfang der Klasse 8 sollte man sich erste Gedanken machen und dann am Ende der Klasse 9 muss der Plan stehen, um alles termingerecht erledigen zu können.

Schüler unterhalten sich mit ihrem Berufsberater im BIZ

Frage 4: Wie bekommt man Schüler dazu, auch unbekannte Berufe kennenzulernen?
Das ist schwierig, man muss ihr Interesse wecken oder sie zu einem freiwilligen Praktikum motivieren. Sie sollten sich Filme bei „BERUFENET“ ansehen oder ins Berufsinformationszentrum kommen. ■

1 **Mach dir Notizen für deinen ersten Besuch bei der Berufsberatung. Beachte die Anforderungen der Berufsberatung.**

Ein Beispiel: Der Messebesuch

Besucher auf einer Jobmesse, 2018

In jeder Region gibt es Berufswahlmessen. Informationen findest Du in der Tageszeitung und im Internet.

Hier kannst du deinen Messebesuch sinnvoll planen. Je besser der Besuch vorbereitet ist, desto mehr hast du davon für deine Zukunftsplanung.

1. Vorbereitung:
- Welche Messen finden wann statt?
- Treffen einer Auswahl: Welche Messen kommen für mich infrage?
- Wie erreiche ich die Messe?
- Anlegen einer Messemappe für Info-Material

2. Durchführung des Messebesuches
- Verschaffe dir eine Übersicht.
- Suche Messestände auf und stelle Fragen.
- Knüpfe Kontakte.
- Sammle Material.

3. Auswertung
- Welche Information war wichtig für mich?
- Auswertung des Messematerials: Welche Information kann ich noch gebrauchen? Wer bietet welche Ausbildungsmöglichkeiten?
- Plane deine weiteren Schritte für die Berufswahl.

1 Notiere hier wichtige Stichpunkte zur Vorbereitung des Messebesuchs.

____

____

____

____

2 Haben sich aus dem Messebesuch Termine ergeben, die ich einhalten muss? Notiere diese Termine hier.

____

____

3 Notiere hier kurz deine Ergebnisse der Auswertung.

____

____

____

____

Was bietet meine Region?

Eine wichtige Methode für die Analyse des regionalen Ausbildungsmarktes ist die Erkundung der Region, in der man lebt und in der man die Ausbildung machen möchte.

Erkundung der Region: „Welche Ausbildungsplätze bietet meine Region?"

Lehrstellen
Die Industrie- und Handelskammer (IHK) oder die Handwerkskammer in der Region informiert über Ausbildungsberufe und hilft bei der Suche nach einer Lehrstelle oder einem Praktikumsplatz (Einstiegsqualifizierung).

Für Schulabgänger werden auf den Seiten der regionalen IHK's (z. B. www.ihk-emden.de) folgende Info-Möglichkeiten angeboten:

a) Lehrstellenatlas
– Welche Berufe gibt es? Bildet ein bestimmtes Unternehmen in der Nähe den Wunschberuf aus?

b) Lehrstellenbörse
– Hier findest du Ausbildungsplätze, die die Betriebe der IHK gemeldet haben.

T www.regional.planet-beruf.de

www.ihk-lehrstellenboerse.de

1 **Erkunde den Arbeitsmarkt in deiner Region: Ermittle Unternehmen in deiner Region, die Lehrstellen für deinen Wunschberuf anbieten.**

____

____

____

____

____

2 **Notiere hier die Adressen der zuständigen Handwerkskammer und der IHK.**

Handwerkskammer in meiner Region	
Adresse	Ansprechpartner
	Telefonnummer
Internet	E-Mail

IHK in meiner Region	
Adresse	Ansprechpartner
	Telefonnummer
Internet	E-Mail

Erkundung meiner Region

Allgemeine Informationen

1. Wie ist der Name des Wirtschaftsraumes?
2. Aus welchen Landkreisen und wichtigen Städten setzt sich der Wirtschaftsraum zusammen?
3. Wie ist die Lage in Deutschland?
4. Welche wichtigen Landkreise, Städte, Bundesländer, Länder, Meere oder Gebirge grenzen an den Raum?
5. Welche Fläche umfasst der Wirtschaftsraum?
6. Wie viele Einwohner leben im Wirtschaftsraum?

Beschäftigung

1. Wie viele Beschäftige arbeiten im Wirtschaftsraum?
2. Wie verteilen sich die Beschäftigten auf die verschiedenen Wirtschaftsbereiche „produzierendes Gewerbe“, „Handel und Verkehr“ und „sonstige Dienstleistungen“?
3. Was sind wichtige Wirtschaftsbereiche?
4. Was sind die größten Unternehmen im Wirtschaftsraum?
5. In welchen Wirtschaftsbereichen werden viele Ausbildungsplätze angeboten?

Infrastruktur

1. Welche Unternehmen sorgen für Energie- und Wasserversorgung?
2. Welche Zeitungsverlage, Rundfunk- oder Hörfunksender arbeiten hier?
3. Welche Kultur- und Freizeiteinrichtungen stehen zur Verfügung?
4. Welche Einrichtungen des Gesundheitswesens (Krankenhäuser, Arztpraxen) gibt es?
5. Welche Verkehrsinfrastruktur (Bahn, Autobahn, Hafen, Flughafen) ist vorhanden?
6. Welche Bildungseinrichtungen (Schulen, Hochschulen, Volkshochschulen) gibt es?

1 **Die oben stehenden Fragen helfen dir, deine Region zu erkunden. Trage hier deine Ergebnisse in Stichpunkten ein.**

Wie werden Entscheidungen getroffen?

B „Montagmorgen. Es ist 6.55 Uhr. Der Wecker beginnt sein schrilles Klingeln und der Finger landet auf der Snooze-Taste. Nur noch 5 Minuten – einmal Umdrehen, lautet die Entscheidung. Doch damit gibt es weniger Zeit für das Toastbrot und den Kaffee beim Frühstück mit der Familie. Egal – der Kaffee wird schneller getrunken, und das Toastbrot gibt es auf die Hand auf den Weg zur Schule. Die nächste Entscheidung ist getroffen." ■

Jeden Tag treffen wir rund 20.000 Entscheidungen. Mal treffen wir sie aus dem Bauch heraus, mal denken wir lange darüber nach und wägen Argumente ab. Manche Entscheidungen haben keine große Bedeutung, manche können unser Leben verändern.

1 **Brainstorming: Sammle Entscheidungen, die für deine Berufswahl wichtig werden könnten.**

T Denke z. B. an Finanzen, Wohnort, Freunde, Interessen, Situation auf dem Arbeitsmarkt ...

Entscheidungstechniken

Wie triffst du Entscheidungen?

Entscheidungstechniken helfen uns, wichtige Entscheidungen gezielt zu fällen. Jeder bevorzugt andere Methoden, sich zu entscheiden. Manche stellen eine Pro- und Contra-Liste auf. Andere treten gedanklich „einen Schritt zurück" und betrachten die Situation aus der Sicht einer dritten Person.

Möglich Entscheidungen können sein:

- Beginnst du eine duale oder schulische Ausbildung?
- Ziehst du für deine Ausbildung in eine andere Stadt?
- Du hast Zusagen von einem internationalen Unternehmen und einem kleinen Betrieb bekommen. Welchen Platz nimmst du?

1. Das Ausschlussverfahren
Je größer die Auswahl, desto schwieriger wird es, sich zu entscheiden. Oft hilft es, die Möglichkeiten zu beschränken. Streiche alle Möglichkeiten weg, die nicht infrage kommen. Fange bei denen an, die du am wenigsten willst. Oft fällt es leichter, die Dinge zu benennen, die man nicht möchte.

2. Pro und Kontra
Bei fast allen Entscheidungen gibt es Argumente, die dafür (Pro-Argumente) und dagegen (Kontra-Argumente) sprechen. Ziehe in der Mitte eines Blattes einen Strich, liste auf der einen Seite alle Pro-Argumente und auf der anderen Seite alle Kontra-Argumente auf. So stellst du zunächst alle Argumente gleichbedeutend nebeneinander und verschaffst dir einen guten Überblick.

3. Der Blick von außen
Es ist leichter, einem Freund einen Rat zu erteilen, als diese Situation für sich selbst zu entscheiden. Das hast du sicher schon oft festgestellt. Dieses Prinzip kannst du nutzen. Frage dich: Was würdest du einem guten Freund raten, wenn er diese Entscheidung treffen müsste? Diese Technik hilft dir, die sachlichen Argumente zu sehen und zu bewerten.

1 **Nenne eine Entscheidung, die in deinem Berufswahlprozess auf dich zukommen kann. Wähle dann eine Entscheidungstechnik aus und wende sie auf die Entscheidung an.**

Persönliche Entscheidungsfaktoren

Manche Entscheidungen, die wir treffen, haben eine größere Tragweite als andere. Hier sind mehr als sonst sogenannte rationale – durch die Vernunft gesteuerte – Entscheidungen wichtig. Daneben gibt es aber auch gefühlsbetonte Argumente für Entscheidungen. Diese werden vielleicht nicht immer zuerst in Betracht gezogen – völlig ignorieren sollten wir sie aber auch nicht.

Der Wohlfühlfaktor

Du hast deinen Wunsch-Ausbildungsplatz bekommen: Der Ort gefällt dir aber nicht und du fühlst dich nicht wohl. An einem anderen Ort, wo es die Wunschausbildung nicht gibt, fühlst du dich viel wohler. Hier kannst du dir vorstellen, die nächsten Jahre zu verbringen. Manchmal rät „der Bauch“ einem, sich für die Zweitwahl zu entscheiden.

Der Abenteuerfaktor

Möchtest du möglichst schnell die große weite Welt entdecken? In eine andere Stadt ziehen und neue Menschen, Plätze, Freizeitangebote kennenlernen? Vielleicht ist es dir aber wichtiger, in der Heimat zu bleiben. Hier kannst du Freunde und Familie oft sehen und zum Beispiel Aktivitäten in einem Verein weitermachen.

Der Größenfaktor

Magst du es groß und mit vielen Wahlmöglichkeiten? Findest du es spannend, mit vielen unterschiedlichen Kollegen zusammenzuarbeiten? Oder siehst du die Vorteile der Arbeit in einer kleinen Gruppe? Ein großes Unternehmen bietet vielleicht mehr Möglichkeiten, ein kleineres ist dagegen eventuell persönlicher.

Der Gruppenfaktor

Arbeitest du gerne im Team oder bist du eher ein Einzelkämpfer? Über deine Lieblingsarbeitsart solltest du dir während des Berufswahlprozesses Gedanken machen. Suche einen Betrieb, in dem du möglichst arbeiten kannst, wie du es magst.

1 Nenne weitere Faktoren, die für einen Berufswahlprozess von Bedeutung sein können.

2 Beschreibe die zwei für dich wichtigsten Faktoren. Tauscht euch darüber in Gruppen aus.

Direkte und indirekte Einflussfaktoren auf die Berufswahl

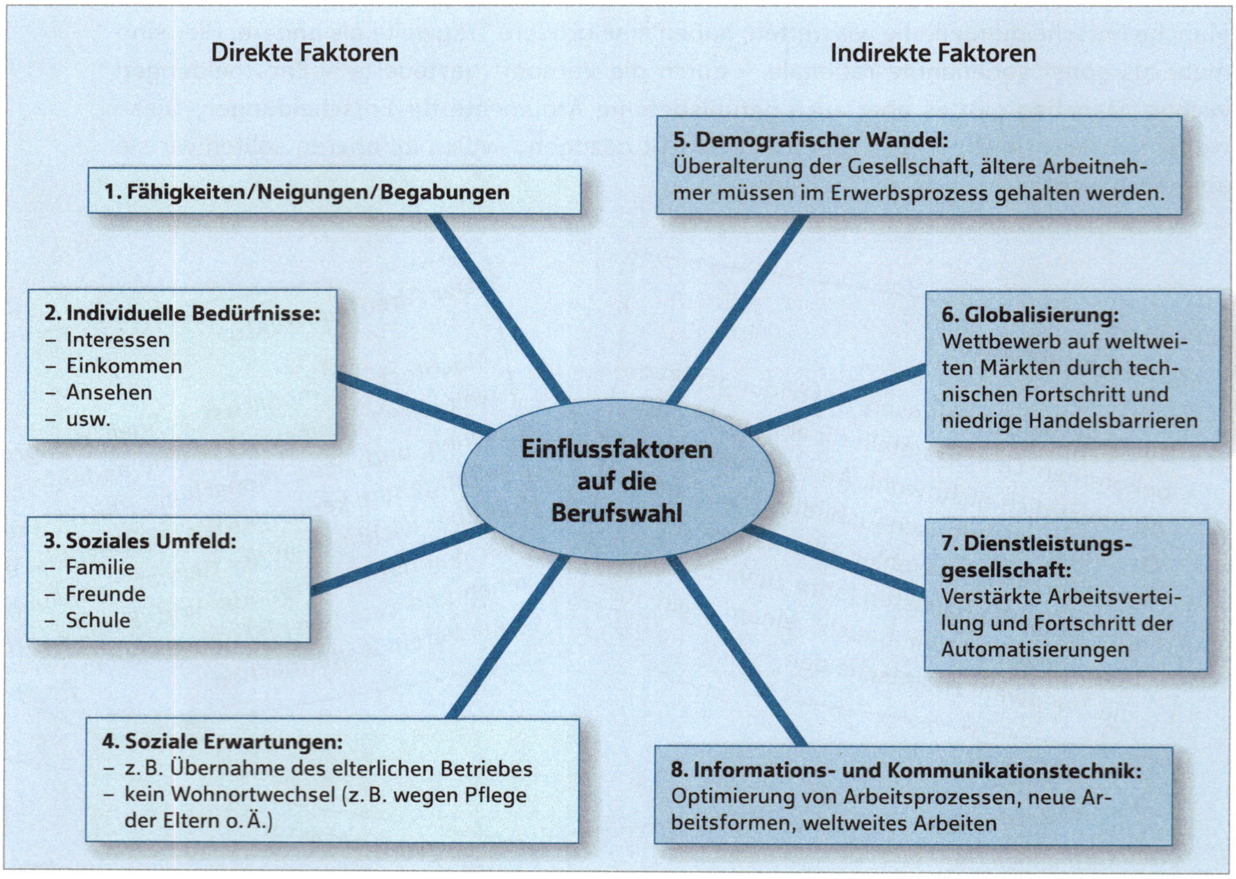

Faktoren, die die Berufswahl beeinflussen

Alle Überlegungen zum künftigen beruflichen Lebensweg müssen in Entscheidungen münden: Ich werde weiter eine Schule besuchen oder ich werde direkt eine Ausbildung beginnen. Manche Faktoren haben einen direkten Einfluss auf deine Entscheidungen, andere beeinflussen dich nur indirekt.

1 **Beschreibe und begründe, an welchen Stellen der Grafik Entscheidungen getroffen werden müssen.**

2 **Begründe, weshalb du die direkten Faktoren eher beeinflussen kannst als die indirekten.**

Wie finde ich ein passendes Unternehmen?

Bei manchen Berufen hast du die Wahl: in welchem Unternehmen möchte ich lernen (oder später arbeiten)? Wo soll ich mich bewerben? In welches Unternehmen passe ich?
In Deutschland gibt es rund 3,5 Millionen Unternehmen. Sie unterteilen sich je nach Anzahl der Mitarbeiter in kleinere, mittlere und große Unternehmen. Sie unterscheiden sich durch die Branche. Und sie unterscheiden sich in Dienstleistungs- oder Produktionsunternehmen, in familiengeführte Unternehmen oder Aktiengesellschaften oder ob sie Großkonzernen angehören.
Mithilfe dieser Checkliste kannst du dir einen ersten Eindruck über die Unternehmen verschaffen, die dich interessieren.

Unternehmen in Deutschland gesamt: 3,48 Mill.
- davon 90 % Unternehmen mit weniger als zehn Beschäftigten
- 0,42 % sind Unternehmen mit mehr als 250 Beschäftigten

nach: Statistisches Bundesamt destatis, 2016

B CHECKLISTE UNTERNEHMEN

✓ Unternehmensgröße
✓ Anzahl der Mitarbeiter(innen)
✓ Unternehmensstandort(e)
✓ Produktion oder Dienstleistung
✓ Familiengeführt oder Großkonzern
✓ Branche, zu der das Unternehmen gehört
✓ Unternehmensbereiche
✓ Leitidee/Unternehmensphilosophie
✓ Berufe/Ausbildungsmöglichkeiten innerhalb des Unternehmens
✓ Zukunftsfähigkeit des Unternehmens, Arbeitsplatzsicherheit ■

1 Wähle ein Unternehmen, das dich interessiert und untersuche es mithilfe der Checkliste auf einem Extra-Blatt.

2 Nimm begründet Stellung, warum du dich bei diesem Unternehmen bewerben würdest bzw. nicht bewerben würdest.

Vielfalt der Berufe in Unternehmen

Fluggesellschaften suchen nicht nur Piloten

Nicht immer ist auf den ersten Blick ersichtlich, welche Berufe sich innerhalb eines Unternehmens verbergen. Wärest du zum Beispiel auf die Idee gekommen, dich als Koch bei der Deutschen Bahn zu bewerben? Es lohnt sich, auf den Webseiten verschiedener Unternehmen zu surfen oder mit Unternehmensvertretern auf Jobmessen zu sprechen.

B Über 201 Millionen Fluggäste zählte die Deutsche Flugsicherung im Jahr 2016 allein in Deutschland - Tendenz steigend. Auch der Luftfrachtverkehr entwickelt sich positiv. Welche Ausbildungsmöglichkeiten bieten sich [...] im Bereich Luftverkehr?

Auszug aus einem Interview mit Martina Ahnert
(Martina Ahnert ist Leiterin Recruiting, Ausbildung und Training der Deutsche Lufthansa AG.)
planet-beruf.de: Was sind die wichtigsten Ausbildungsberufe im Bereich Flugverkehr?

Martina Ahnert: Unser Luftverkehrsunternehmen beispielsweise bietet mit 34 verschiedenen Ausbildungsberufen eine große Auswahl an. Von Luftverkehrskaufleuten über Fachkräfte für Lagerlogistik bis hin zu Kaufleuten für Spedition und Logistikdienstleistung. Zudem bilden wir Fachleute für Systemgastronomie und Köchinnen und Köche aus. Sehr viele Auszubildende gibt es auch im Technikbereich, etwa als Werkzeugmechaniker/in und Mechatroniker/in - jungen Menschen stehen im Sektor Luftverkehr mannigfaltige Berufsperspektiven zur Verfügung.

planet-beruf.de: Was sind in Deutschland wichtige Standorte für die Ausbildung im Luftverkehr?

Martina Ahnert: Wichtige Ausbildungsstandorte sind Frankfurt, Hamburg und München. Aber es gibt auch Lufthansa-Gesellschaften, die in Köln, Berlin oder Düsseldorf Ausbildungsplätze anbieten. ■

Quelle: Berufsausbildungen im Luftverkehr, Bundesagentur für Arbeit (BA), Nürnberg 13.12.2017 (www.planet-beruf.de/eltern/ausbildung-beruf/arbeitsmarkt, 06.08.2018)

1 **Welche Berufe würdest du hier nicht erwarten? Fülle die Tabelle aus. Recherchiere dafür auf den jeweiligen Homepages.**

Unternehmen	Beruf
Deutsche Bahn	
Polizei Nordrhein-Westfalen	
Universität Hamburg	

Die Bewerbung

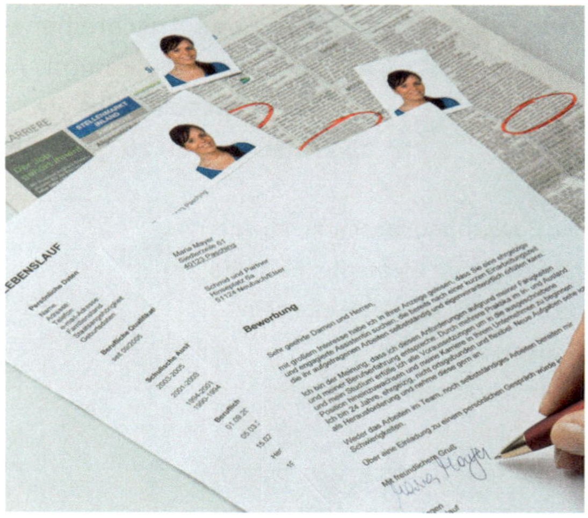

Auf den folgenden Seiten findest du die wesentlichen Informationen zu deiner Bewerbungsvorbereitung

Wenn ihr euch im Klaren seid, ob ihr eine weiterführende Schule besuchen oder eine Ausbildung beginnen wollt, ist es an der Zeit, sich zu bewerben. Auch Schulen haben feste Anmeldetermine, sodass ihr euch auch hierfür Bewerbungsunterlagen besorgen und abgeben müsst.

Wollt ihr eine betriebliche Ausbildung beginnen, reicht es für eine erste Kontaktaufnahme meist aus, wenn ihr in dem Betrieb anruft oder persönlich vorsprecht. Dabei müsst ihr fragen, bis wann ihr eine Bewerbung mit den üblichen Unterlagen (Bewerbungsanschreiben, Lebenslauf, Lichtbild, Zeugniskopien) abgeben müsst.

B TIPPS EINER BERUFSBERATERIN ZUR BEWERBUNG

1. Die Berufsberatung nicht erst dann aufsuchen, wenn es brennt, sondern schon möglichst früh das Gespräch suchen.
2. Die Berufsberatung verschickt Stellenanzeigen an angemeldete Kunden. Oft sind das Adressen, auf die man selber nicht kommen würde.
3. Wichtig ist es, die Bewerbung nur für diesen Betrieb zu schreiben. Begründe, warum du gerade diesen Betrieb gewählt hast.
4. Wer in einem anderen EU-Land eine Ausbildung machen will, muss wissen, dass es diese Form der dualen Ausbildung – im Betrieb und in der Berufsschule – nicht in allen EU-Ländern gibt. Informationen dazu bekommt man auch beim Berufsberater. ■

B DIE VOLLSTÄNDIGE BEWERBUNG

Zu einer Bewerbung gehören:

- Anschreiben
- Lebenslauf
- Lichtbild
- Zeugniskopien
- Nachweise über Praktika, Kurse, Lehrgänge, usw. ■

1 **Erstelle mithilfe von www.planet-beruf.de und den nächsten Seiten im Arbeitsheft deine eigenen Bewerbungsunterlagen.**

2 **Notiere, was Du noch erledigen musst, um deine Bewerbung zu erstellen (z. B. ein Lichtbild von dir erstellen lassen).**

____

____

____

____

____

Das Bewerbungsanschreiben

Aufgrund des Anschreibens entscheidet der Betrieb, ob ihr in die weitere Auswahl für eine Ausbildungsstelle kommt. Achtet auf das äußere und inhaltliche Erscheinungsbild. Hinsichtlich der Form solltet ihr euch nach der DIN-Norm 5008 richten, die Empfehlungen enthält, wie das Anschreiben zu gestalten ist. Tipps dazu findet ihr z. B. auf www.planet-beruf.de.

Ein Bewerbungsanschreiben enthält folgende Elemente. Es sollte nicht länger als eine Seite sein:

① Absender
② Anschrift des Empfängers
③ Datum
④ „Betreff“ (Zweck des Schreibens in wenigen, aber aussagekräftigen Worten; „Betreff“ wird nicht geschrieben)
⑤ Anrede („Sehr geehrte Damen und Herren“ oder direkt den Ansprechpartner nennen, wenn bekannt)
⑥ Anlass der Bewerbung (hier: Hinweis auf Anzeige)
⑦ derzeitige Situation
⑧ Ausbildungsberuf und Begründung des Berufswunsches
⑨ Begründung für die Wahl des Unternehmens
⑩ Hervorheben der eigenen Fähigkeiten und Neigungen (z. B. EDV-Kenntnisse, Fremdsprachen, Auslandsaufenthalte, Betriebspraktika, berufsbezogene Tätigkeiten ...)
⑪ „Schlussformel“: Bitte um ein Vorstellungsgespräch
⑫ Gruß
⑬ Unterschrift
⑭ Anlagenvermerk

① Torsten Spengler
Koblenzer Str. 2
12345 Neustadt
Tel. (05432) 7890
E-Mail: t.spengler@email.de

② Altdorfer Sparkasse
Herrn Koch
Oberer Stephansberg 2
67890 Altdorf

③ Neustadt, 2. Juli 20..

④ **Bewerbung um einen Ausbildungsplatz als Bankkaufmann zum 01. September 20..**
Ihre Anzeige in der Frankfurter Neuen Presse vom ...

⑤ Sehr geehrter Herr Koch,

⑥ mit sehr großem Interesse habe ich Ihre Anzeige gelesen und bewerbe mich um einen Ausbildungsplatz zum 1. September 20..

⑦ Derzeit besuche ich die 10. Klasse des Altdorfer Schulzentrums, die ich im Juli 20.. mit dem Realschulabschluss verlassen werde.

⑧ Durch ein einwöchiges freiwilliges Praktikum bei der Elbebank konnte ich bereits einen ersten Einblick in das Berufsfeld eines Bankkaufmanns bekommen. Darüber hinaus habe ich mich im Berufsinformationszentrum ausführlich über die Ausbildung zum Bankkaufmann informiert, was mich in meinem Berufswunsch bestärkt hat.

⑨ + ⑩ Da ich sehr aufgeschlossen bin, interessiert mich insbesondere die Kundenberatung und -betreuung. Beim Börsenspiel der Sparkasse habe ich festgestellt, dass mir auch die Arbeit im Team sehr viel Spaß macht.

⑪ Mit Interesse erwarte ich Ihre Antwort und freue mich über ein Gespräch, in dem wir gerne weitere Fragen besprechen können.

⑫ Mit freundlichen Grüßen

⑬ *Torsten Spengler*

⑭ Anlagen

T Auf S. 56 findest du Formulierungshilfen.

1 Entwirf zwei weitere Schlussformeln. Tausche dich mit einem Partner aus, welche Schlussformel für dein Anschreiben am Besten ist.

2 Fertige nach dem obigen Muster für deinen Wunschberuf ein Bewerbungsanschreiben am PC an.

Fehler im Bewerbungsanschreiben

1 **Dieses Bewerbungsanschreiben enthält Fehler. Markiere die Fehler. Schreibe anschließend Verbesserungsvorschläge auf.**

① Hirsch Restaurant
c/o Hotel Hirsch
Gartenstraße 7
10551 Berlin

② Hannah Hoffmeister
Dosestraße 56
10115 Berlin
Mobil: 0170 4570398
E-Mail: hannahmaus@xy.de

③ 12.07..2018

④ Betreff: Bewerbung

⑤ Hallo Christina,

⑥ hiermit bewerbe ich mich bei euch im Restaurant als Kochin als Azubi. Ich hab richtig Bock auf diese Ausbildung, weil das Hotel in dem das Restaurant ist richtig geeeeeeil aussieht. Da sind bestimmt vielleicht auch Mal Promis. ☺ Wär richtig cool!

⑦ Ach ja, noch bisschen was über mich. Ihr solltet mich auf jeden Fall nehmen, weil ich klug, ehrgeizig, kommunikativ, flexibel, klug und dynamisch bin. Zurzeit gehe ich noch zur Schule und mach den Abschluss diesen Summer. Endlich! Schule ist echt ööööde!!!! Und ich freue mich endlich Gelf zu verdienen. Also ich hätte so an 28.000 im Jahr gedacht, aber das klären wir ja dann noch. Aber ich bin auch mit weniger zufrieden, wenn ihr mir das Ticket für die Öffis bezahlt.

⑧ Weitere Infos findest Du im Legenslauf, aber du kannst mich auch anrufen. Ich bin echt fast immer erreichbar! ;) Und telefonieren müssen wir ja, muss ja noch wissen wann ich dann am 1. August 2018 da sein muss.

⑨ Biss dann! <3

⑩ Deine Hannah

Der Lebenslauf

Mit dem Lebenslauf gebt ihr Auskunft über eure Person und über euren schulischen Werdegang. Ihr vermittelt so eine erste genauere Vorstellung von euch. Die tabellarische Form wird am häufigsten verwendet. Manchmal wird auch ein ausführlicher Lebenslauf verlangt. Ganz selten wird noch ein handgeschriebener Lebenslauf gewünscht. Achtet in jedem Fall darauf, dass der Text fehlerfrei ist und keine Verbesserungen und Übermalungen aufweist.

Zum Lebenslauf gehört ein Foto. Meist wird es oben rechts aufgeklebt. Euer Bewerbungsfoto sollte aktuell und von einem Fotografen erstellt sein. Schreibt auf die Rückseite des Bewerbungsfotos euren vollständigen Namen und euer Geburtsdatum. Dies ist wichtig, weil es vorkommen kann, dass sich das Bild vom Blatt löst.

Natürlich könnt ihr ein digitales Foto gleich in den Lebenslauf einfügen. Dann muss die Seite aber mit einem guten Farbdrucker gedruckt werden.

T Ihr könnt Eltern auch im Anschreiben erwähnen, wenn dies für die Bewerbung wichtig ist.

Der Lebenslauf sollte, mit Ausnahme von Punkt 5, auf jeden Fall folgende Angaben enthalten:

① Überschrift: Lebenslauf
② vollständiger Name
③ eigene Anschrift
④ Geburtsdatum und -ort
⑤ Eltern mit Nennung des Berufs (Angabe freiwillig)
⑥ Schulbildung
⑦ Schulabschluss
⑧ Schwerpunktfächer
⑨ praktische Erfahrungen
⑩ besondere Kenntnisse
⑪ Hobbys
⑫ Ort und Datum
⑬ Unterschrift

① **Lebenslauf**

②	Name:	Torsten Spengler
③	Anschrift:	Koblenzer Str. 2 12345 Neustadt Tel. (05432) 7890 E-Mail: t.spengler@email.de
④	Geburtsdatum/-ort:	7. August 19.. in Neustadt
⑤	Eltern:	Erich Spengler, Kfz-Mechaniker Kerstin Spengler, geb. Müller, Hausfrau
⑥	Schulbildung:	1. Sept. 19.. bis 20. Juli 20..: Grundschule Neustadt seit 1. Sept. 20..: Schulzentrum Altdorf
⑦	Schulabschluss:	Realschulabschluss, voraussichtlich Juli 20..
⑧	Schwerpunktfächer:	Wirtschaft, Physik/Chemie/Biologie
	Praktische Erfahrungen:	Juni 20..: 1-wöchiges Praktikum bei der Elbebank, Neustadt
⑩	Besondere Kenntnisse:	Microsoft Word und Excel
⑪	Hobbys:	Schach, Sport
⑫	Ort und Datum:	Neustadt, 2. September 20..

⑬ *Torsten Spengler*

1 Diskutiert in Gruppen, welche Vor- und Nachteile es hat, die Eltern in der Bewerbung zu nennen.

2 Erstelle nach obigem Muster deinen eigenen Lebenslauf. Schreibe zudem einen ausführlichen handgeschriebenen Lebenslauf zur Übung.

Die Onlinebewerbung

Heute ist es üblich, sich mit seinen digitalen Unterlagen zu bewerben. Dies bietet einen zeitlichen Vorteil. Oft steht bereits in der Stellenanzeige, welche Form der Bewerbung (Bewerbungsmappe, E-Mail oder Onlineformular) das Unternehmen wünscht.

Online-Bewerbung: Schneller und einfacher?

Q WICHTIGSTE FORMEN DER ONLINEBEWERBUNG

E-Mail-Bewerbung:
Bei der E-Mail-Bewerbung werden dieselben Unterlagen wie bei einer „Papierbewerbung" erstellt. Sie werden aber nicht per Post, sondern als E-Mail-Anhang versandt.
In der E-Mail verweist ihr auf die Stellenanzeige und erklärt, dass ihr „anbei" eure Bewerbungsunterlagen sendet. Achtet auf eine korrekte und höfliche Anrede, einen fehlerfreien Text und eure vollständige Anschrift. Aus dem Betreff der E-Mail muss hervorgehen, um welchen Ausbildungsplatz es sich handelt. Auch eure E-Mail-Adresse muss seriös klingen und euren Namen enthalten.

Onlinebewerbungsformular:
Große Unternehmen haben inzwischen eigene Bewerbungsformulare auf ihren Internetseiten. Hier tragt ihr eure Daten in vorgegebene Felder ein und ladet Anschreiben, Lebenslauf und eingescannte Zeugnisse als PDF-Dateien hoch. Bei manchen Unternehmen habt ihr die Möglichkeit – außer den üblichen Angaben –, zusätzlich auch noch eine sogenannte dritte Seite auszufüllen. Hier könnt ihr euer Können und eure Motivation noch einmal gesondert herausstellen.
Bereitet alle eure Unterlagen vor, bevor ihr ein solches Formular ausfüllen wollt.

T Eine **Checkliste zur Onlinebewerbung** findet ihr unter www.planet-beruf.de.

Digitale Unterlagen erstellen
Bewerbungsfotos erhält man heute in digitaler Form vom Fotografen. Das Foto platziert ihr entweder auf einem Deckblatt oder rechts oben in eurem Lebenslauf.
Farbige Elementen in euren Unterlagen verleihen eurer Bewerbung ein wenig mehr Aufmerksamkeit. Ihr könnt zum Beipsiel die Betreffzeile mit einer anderen Farbe formatieren.
Auch ein digitaler Lebenslauf und ein Anschreiben müssen unterschrieben sein. Scannt eure Unterschrift ein und speichert sie als Bild ab. Nun könnt ihr eure Unterschrift immer gut in eure Dokumente einfügen.
Die Word-Dateien mit eurem Lebenslauf und dem Anschreiben wandelt ihr in eine PDF-Datei um. Auch eure Zeugnisse und Praktikumsbescheinigungen scannt ihr ein. Wenn ihr selbst keinen Scanner habt, könnt ihr das in einem Copyshop erledigen.
Für die Unternehmen ist es am einfachsten, wenn ihr alle Anhänge zu einer PDF-Datei zusammenfasst. Findet für die Datei einen aussagekräftigen Namen (z.B. Bewerbung_Torsten_Spengler). Achtet darauf, dass der Anhang insgesamt nicht größer als 6 MB ist. ■

Quelle: Autorentext

1 **Füge dein Anschreiben, deinen Lebenslauf und deine Zeugnisse und Nachweise in einem digitalen Dokument zusammen. Speichere es als PDF-Datei ab.**

Das Online-Bewerbungsformular

Große Unternehmen haben eigene Bewerbungsformulare auf ihrer Internetseite. Bewerber müssen diese online ausfüllen. Schaue Dir alle Felder gut an und lege vorher alle Unterlagen bereit; bzw. erstelle alle wichtigen Unterlagen als PDF-Dateien zum Hochladen. Beachte auch hier, dass die Datei nicht zu groß ist.

Onlinebewerbung

Ausbildung zum **Bürokaufmann/Bürokauffrau** Stelle 87234
Bitte gib hier dein persönliches Profil ein. Felder mit* müssen ausgefüllt werden.

Persönliche Daten

Anrede*	Titel	Vorname*	Nachname*

Straße und Hausnummer*	PLZ*	Ort*

Geburtsdatum (TT.MM.JJJJ)*	Geburtsort*	Letzter Schulabschluss

Frühestes Eintrittsdatum * [ ]

Wir brauchen kein Motivationsschreiben. Dafür musst du die beiden Fragen beantworten.
Du bist interessiert an uns. Warum dieser Job?*

[ ]

Warum du?*

[ ]

Upload

Hier kannst du bequem Dokumente wie Lebenslauf, Zeugnisse und ggf. weitere Dokumente hochladen. Falls du ein Foto hochladen möchtest kannst du sie es als jpg oder gif-Datei anfügen. Bitte fasse zusammengehörige Seiten (z. B. ein mehrseitiges Zeugnis) in einer Datei zusammen. Je Anlage können maximal 6 MB hochgeladen werden.

Anlage hinzufügen

Absenden

Der Einstellungstest

Oft wählen große Unternehmen durch Tests ihre Auszubildenden aus. Hier wird nicht nur Schulwissen abgefragt, sondern auch noch andere Fähigkeiten.
- Nehmt an einem Eignungstest der Arbeitsagentur teil. Die Broschüre der Arbeitsagentur „Orientierungshilfe zu Auswahltests“ hilft, euch besser dem Test stellen zu können.
- Es wird sicher auch nach aktuellen Themen gefragt. Es ist deshalb sinnvoll, das Tagesgeschehen genau zu verfolgen (Zeitung lesen, Nachrichtensendungen hören oder sehen).

Häufig werden einige der folgenden Schwerpunkte getestet:
- logisches Denken
- technisches Verständnis
- Arbeitstempo und Arbeitsgenauigkeit
- psychologische Fähigkeiten
- Umgang mit Zahlen und Rechenkenntnisse
- Kenntnisse in Rechtschreibung und Zeichensetzung
- Ausdrucksfähigkeit und Wortschatz
- Kreativität

Wenn es nicht geklappt hat

Die Auswahltests dürft ihr nicht überbewerten. Nach einer Faustregel entscheiden sich 10 % der Unternehmen aufgrund des Bewerbungsanschreibens für einen Bewerber; 40 % nach dem Test und 50 % nach dem Bewerbungsgespräch. Eine Ablehnung nach dem Test muss nicht bedeuten, dass eure Leistungen im Test schlecht waren oder ihr für den Beruf ungeeignet seid. Also: Kopf hoch, wenn es einmal nicht geklappt hat.

Tipps zum Einstellungstest

1. Pünktlich erscheinen.
2. Keinerlei „Mittelchen“einnehmen.
3. Bei Tests unter Zeitvorgabe: Zuerst die Fragen lösen, die man sofort beantworten kann.
4. Möglichst viele Fragen ganz, statt alle nur halb beantworten.
5. Falls etwas nicht verstanden wurde, vor Testbeginn fragen.
6. Meist sind alle Fragen gar nicht zu schaffen. Also nicht nervös werden.
7. Trainiert Einstellungstests. Diese sind erhältlich bei der Arbeitsagentur, im Internet oder in Buchhandlungen.
8. Bei einer großen Anzahl an Bewerbern sind eure Chancen gering. Nicht enttäuscht sein, wenn ihr durchfallt.

T Testaufgaben findet ihr u. a. unter www.azubiyo.de

1 Besorge dir z. B. in einer Buchhandlung Bücher mit Testaufgaben. Achte darauf, dass die Tests für deinen Ausbildungsberuf geeignet sind. Teste dich selbst.

Aus einem Einstellungstest

1 Beantworten Sie die Fragen richtig.

Bei der Bundestagswahl in Deutschland ist jeder Wahlberechtigt der...?
- o Bürger der Bundesrepublik und 16 Jahre alt ist.
- o seit 5 Jahren in Deutschland wohnt.
- o Bürger der Bundesrepublik und 18 Jahre alt ist.
- o in Deutschland wohnt und 18 Jahre alt ist.

Wann fand der Erste Weltkrieg statt?
- o 1939–1945
- o 1919–1933
- o 1916–1918
- o 1914–1918

Wer begründete die Evolutionstheorie?
- o Charles Robert Darwin
- o Albert Einstein
- o Gregor Mendel
- o Leonardo Da Vinci

Was versteht man unter dem Begriff Inflation?
- o Preissenkung
- o Entwertung des Geldes.
- o Anstieg des Preises
- o Keine Antwort ist richtig

2 Streichen Sie das Wort durch, das nicht zu den anderen passt.

1. Banane, Apfel, Zucchini, Feige	2. Urlaub, schwimmen, Strand, Sonnenmilch
3. Kafka, Brecht, Goethe, Austen	4. schön, heiß, laufen, klein
5. Hose, Pullover, Hemd, T-Shirt	6. Zug, Fahrrad, Bus, Straßenbahn
7. Mozart, Picasso, Bach, Beethoven	8. Donau, Elbe, Main, Amazonas

3 Nennen Sie die richtigen Antworten.

Nennen Sie die/den aktuelle/n Bundespräsidenten/in und Bundeskanzler/in.

Bundespräsident/in: ______________________________

Bundeskanzler/in: ______________________________

4 Berechnen Sie die folgenden Aufgaben.

1. Was ist 0,5 x 2,5? ______________________________
2. Was ist die Wurzel aus 81? ______________________________
3. Was ist 3 x 4 + 3 x 5? ______________________________

Herr Richter kauft 25kg Verpackungsmaterialien für 17,50€. Wie viel muss Herr Meyer für 100kg der gleichen Ware zahlen, wenn der Grundpreis gleich ist?

____

Das Vorstellungsgespräch

Die Verantwortlichen im Betrieb haben Interesse an dir. Sonst hätten sie dich nicht eingeladen. Im Vorstellungsgespräch wollen sie dich kennenlernen. Lampenfieber und Ängste sind dann ganz normal.

Wie kannst du dich auf das Vorstellungsgespräch vorbereiten?

Dazu einige Tipps und Verhaltensregeln:

- Reagiert auf die Einladung telefonisch oder schriftlich. Bedankt euch für die Einladung. Bestätigt, dass ihr zum angegebenen Termin kommen werdet.
- Bittet nur in begründeten Ausnahmefällen um eine Terminverschiebung.
- Seid pünktlich. Sucht den Weg zum Betrieb rechtzeitig heraus. Rechnet dabei einen großen Zeitspielraum für Bus- oder Bahnverspätungen, Staus usw. ein. Denkt daran, dass ihr in Großbetrieben Zeit braucht, um die richtige Abteilung zu finden. Eine Verspätung macht einen schlechten Eindruck!
- Kleidet euch angemessen: weder zu lässig noch zu fein. Schon gar nicht solltet ihr Sachen anziehen, in denen ihr euch nicht wohlfühlt.

Wie überzeugst du im Gespräch?

Bei Vorstellungsgesprächen geht es darum, einen guten Eindruck zu machen. Beantwortet alle Fragen höflich und korrekt und achtet auf eure Ausdrucksweise.

- Macht euch eure Stärken klar und bewertet eure Schwächen nicht zu stark. Setzt euren Schwächen Stärken entgegen, z. B. Langsamkeit – Gründlichkeit: Ich bin zwar langsam, arbeite aber sehr gründlich.
- Überlegt euch Gründe für gute und schlechte Schulnoten.
- Überlegt, was ihr zu eurem Werdegang erzählen könnt.
- Stellt euch vor, wie das Vorstellungsgespräch verlaufen könnte. Spielt die Situation mit Freunden durch. Jeder stellt einmal den Bewerber und den Personalchef dar.

1 Erstelle eine schriftliche Bestätigung für einen Vorstellungsgesprächstermin. Die Firma kannst du dir aussuchen.

___

___

___

___

___

___

Fragen im Vorstellungsgespräch

Das Verhalten spielt eine wichtige Rolle, um festzustellen, ob du zu dem Unternehmen passt. Beachte deshalb diese Tipps:

- Lies deine Bewerbungsunterlagen gut durch (häufig wird nach Einzelheiten daraus gefragt).
- Sei pünktlich!
- Zur Begrüßung: Klopfe an und warte, bis du hereingebeten wirst. Fester Händedruck, vorstellen, Namen merken.
- Sei im Gespräch höflich. Nutze keine Umgangssprache.
- Angebotene Getränke annehmen (aber keinen Alkohol oder Zigaretten), kein Kaugummi kauen, nicht rauchen, nicht unterbrechen.
- Versuche, möglichst natürlich und locker zu bleiben.
- Höre gut zu und stelle (vorbereitete) Zwischenfragen. Das zeigt dein Interesse am Unternehmen und an der Stelle.
- Bei der Verabschiedung: Werde nicht vertraut, bleibe höflich. Bedanke dich für das Gespräch. Frage nach, wann du mit einer Rückmeldung rechnen kannst.

1 Diese Fragen werden in vielen Gesprächen gestellt. Beantworte die Fragen.

Wann beenden sie die Schule? ____________________

Welchen Abschluss werden sie machen? ____________________

Was interessiert sie an diesem Beruf? ____________________

____

Warum bewerben sie sich bei uns? ____________________

____

Was wissen sie bereits über den Beruf? ____________________

____

Welche Fähigkeiten oder Erfahrungen bringen sie schon mit? ____________________

____

Wie würden sie sich beschreiben? ____________________

____

Nennen sie zwei ihrer Stärken und zwei ihrer Schwächen. ____________________

____

Was machen sie in ihrer Freizeit? ____________________

____

Eine Unternehmerin erzählt von ihren Erfahrungen

B DAS BEWERBUNGSVERFAHREN

Die schriftliche Bewerbung

1. Bewerber sollten sich sich genau informieren, in welchen Berufen wir ausbilden und wie die Berufsbezeichnungen lauten.
2. Verschickt keine Standardbewerbung, sondern macht deutlich, was man bereits Besonderes unternommen hat (Auslandsaufenthalt, Trainer im Sportverein, Praktika, Mitarbeit in Schülerfirmen usw.).
3. Als Unternehmer bekommt man viele Bewerbungen, hat aber nur wenig Zeit, sich überzeugen zu lassen!

Wenn ich jemanden einlade

1. Bitte Rückmeldung geben, ob man zum Termin erscheinen kann.
2. Pünktlich zehn Minuten vorher da sein. Wenn jemand zu spät kommt, führe ich das Gespräch nicht mehr selbst.
3. Wenn man das Einladungsschreiben mitnimmt, kann man bei Verkehrsproblemen anrufen, um eine Verspätung anzukündigen. Dann kommt es mir auf die Begründung an.

Das Bewerbungsgespräch

1. Zur Begrüßung Vor- und Zunamen nennen, auf keinen Fall nur mit dem Vornamen vorstellen!
2. Keine extravagante Kleidung, nicht bauchfrei oder kurze Röcke oder Jeans mit Löchern tragen. Der Branche angemessen kleiden!
3. Ich fange mit einem Aufwärmgespräch (Small Talk) an.
4. Bei der folgenden Befragung stelle ich Fragen zum Betrieb oder zu den erwarteten Tätigkeiten und zum Beruf. Hier merke ich schnell, wer sich vorbereitet hat. Ich frage auch nach der Zukunftsplanung oder den Eltern.
5. Dann erzähle ich den Bewerbern, wie die Rahmenbedingungen sind: Berufsschule, Verdienst, Urlaub oder Arbeitszeiten. Ich erkläre auch wie die Ausbildung in unserem Betrieb gestaltet ist.
6. Anschließend erwarte ich Fragen der Bewerber. An den Fragen erkenne ich, ob sie sich Gedanken gemacht und zugehört haben.
7. Meine letzte Frage ist: „Warum sollen wir Sie einstellen?“ Hier erwarte ich Selbstbewusstsein und Wissen, aber auch Überzeugungskraft!
8. Manchmal spreche ich plötzlich Englisch, um diese Kenntnisse zu testen. Englisch ist für unseren Außenhandelsbetrieb sehr wichtig. Es kommt auch vor, dass ich ein Verkaufsgespräch aus dem Unternehmen als Rollenspiel durchführen lasse.

Am Schluss stellen sich die Kolleginnen und Kollegen, die am Bewerbungsgespräch teilgenommen haben, die Frage: „Wer von den Bewerbern passt zu uns?“ ■

1 **Erläutere, welcher Punkt für die Unternehmerin im Verfahren am wichtigsten ist.**

____

____

____

____

Kein Ausbildungsplatz – Bewerbung gescheitert

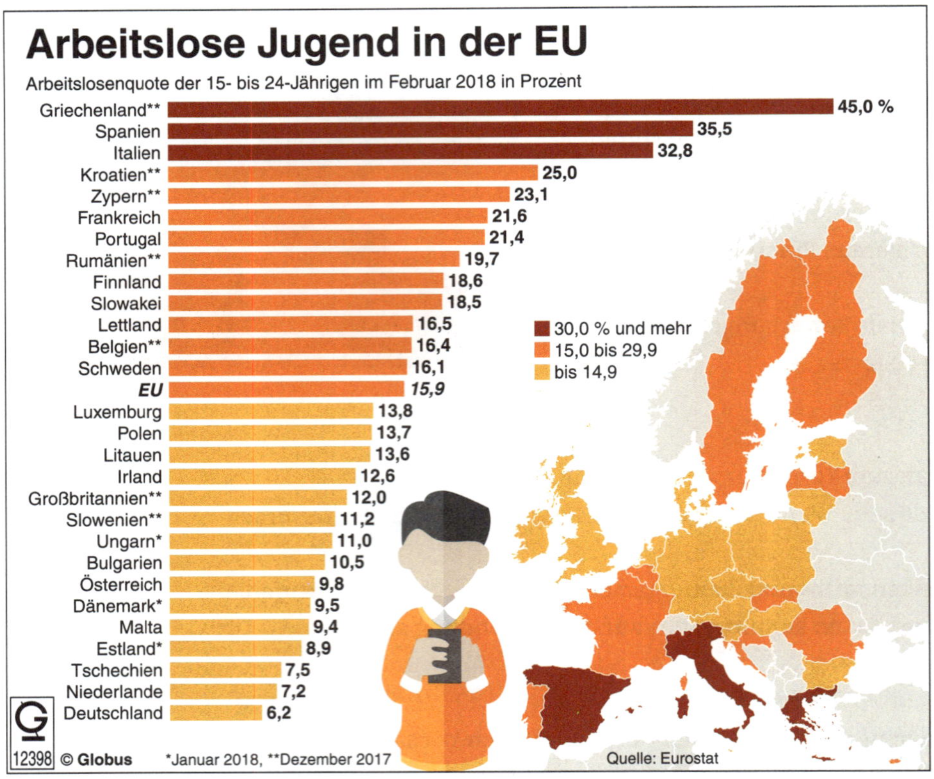

Für junge Menschen gibt es mindestens zwei Punkte, bei denen Arbeitslosigkeit stärker droht. Man bezeichnet diese als Schwellen, die durch einen Übergang gekennzeichnet sind.

Die erste Schwelle bildet der Übergang aus dem allgemeinbildenden Schulwesen (Bildungssystem) in eine Ausbildung (Berufsausbildungssystem). Wenn dieser Übergang nicht gelingt, droht Arbeitslosigkeit. Betroffene qualifizieren sich in den sogenannten Übergangsmaßnahmen weiter.

Die zweite Schwelle ist der Übergang aus dem Berufsausbildungssystem in die Berufs- und Arbeitswelt (Beschäftigungssystem).

Auch wenn dieser Übergang nicht gelingt, kann Arbeitslosigkeit eintreten. Solche Zeiten können z. B. für Fortbildungen oder für Umschulungen in andere Berufe genutzt werden. Ebenso kann eine Fachschule oder Fachoberschule mit dem Ziel eines Fachhochschulstudiums besucht werden. Oder das Ziel ist ein Universitätsstudium. Hier müssen dann allgemeinbildende Teilzeit- oder Vollzeitschulen, z. B. Abendgymnasien, besucht werden.

1 **Werte die Grafik „Arbeitslose Jugend in der EU" aus. Wie sind die Chancen der Jugendlichen in Europa? Was könnte ein Jugendlicher aus Spanien mit dieser Grafik anfangen?**

Damit es doch noch klappt

Jeder muss sich immer wieder mit dem Thema Arbeitslosigkeit beschäftigen. Sei es nach der abgeschlossenen Schulzeit, wenn es darum geht, einen Ausbildungsplatz zu finden. Oder sei es nach der Ausbildung bei der Suche nach einem Beschäftigungsverhältnis.

Vielen ist dabei gar nicht bekannt, wie viele Institutionen mit dem Thema Arbeitslosigkeit zu tun haben. Zu nennen sind hier beispielsweise:

- Arbeitsagenturen
- Gewerkschaften
- Parteien
- Kreis- und Stadtverwaltungen
- Volkshochschulen
- Kirchen

Christina sucht Rat

Häufig unterstützen diese Institutionen Arbeitslose bei der weiteren Lebensplanung. Ganz wichtig ist allerdings, dass man sich zuerst selber fragt: Was macht mir Spaß und wo bzw. als was könnte ich mir vorstellen, zu arbeiten?

Kostenlose Hilfe kannst du außerdem bei Jobpaten, Ausbildungspaten, Bildungspaten oder Schülerpaten bekommen. Diese unterstützen Jugendliche, denen es schwerfällt, den Abschluss zu schaffen. Ihre Unterstützung besteht darin, bei den letzten schulischen Hürden zu helfen. Sie können auch bei der Suche nach einem Job oder einer Lehrstelle beraten.

T Oft bieten Städte oder Regionen Jobpatenschaften an.

Weitere Informationsmöglichkeiten im Internet

Bei der Ausbildungs- und Jobsuche kann auch das Internet behilflich sein.

B Christian hat es geschafft, er hat alle seine Prüfungen erfolgreich absolviert und seinen Sekundarabschluss in der Tasche. Viel Zeit zum Feiern bleibt ihm allerdings nicht, er hat noch immer keinen Ausbildungsplatz. Alle Bewerbungen und Bewerbungsgespräche sind gescheitert und langsam drängt die Zeit. Von seinen Eltern hört er seit Wochen die gleichen Sätze: „Bemüh dich mal um eine Lehrstelle, so wie du das angehst, kann das ja nichts werden! Wozu bist du denn immer im Internet?" ■

1 **Nenne Konsequenzen, die du für dich aus diesen Informationen ziehen kannst.**

Der Ausbildungsvertrag

Deine Unterschrift unter dem Ausbildungsvertrag ist der Beginn eines neuen Lebensabschnittes. Du hast neue Rechte, aber auch neue Pflichten. Welche das sind, steht in deinem Ausbildungsvertrag. Du musst ihn genau durchlesen, bevor du ihn unterschreibst.

Die Probezeit

Wichtig ist die Probezeit. Sie ist eine „Testzeit" für beide Seiten zu Beginn deiner Ausbildung. Sie kann zwischen einem und vier Monaten dauern. In dieser Zeit kannst du überprüfen, ob du das Richtige für dich gefunden hast. Das Unternehmen prüft, ob du die Ausbildung in der vorgeschriebenen Zeit schaffen wirst.

Während der Probezeit kann das Ausbildungsverhältnis von dir oder von deinem Arbeitgeber gekündigt werden – dieses kann ohne zeitliche Frist und ohne Begründung geschehen.

Die Ausbildungsdauer

Für jeden Ausbildungsberuf ist die Ausbildungsdauer gesetzlich vorgegeben. Die betriebliche Berufsausbildung dauert in der Regel zwischen 24 und 42 Monaten. Die Ausbildungsdauer kann auch verkürzt werden. Dein Arbeitgeber muss dann davon überzeugt sein, dass du dein Ausbildungsziel schneller erreichst als vorgesehen.

T Hier helfen dir die bekannten Seiten, z. B. www.azubiyo.de.

1 Schau dir Ausbildungsverträge im Internet an und mach dir Notizen, worauf du bei deinem Vertrag achten willst.

Ausbildungsvergütung - Kann ich davon leben?

Q Die Höhe deiner Ausbildungsvergütung steht in deinem Ausbildungsvertrag. Die Ausbildungsvergütung muss während deiner Ausbildungszeit mindestens jährlich ansteigen. Das bestimmt das Berufsbildungsgesetz (§17). Die Höhe ist unterschiedlich und richtet sich nach der Branche, in der du dein Ausbildungsverhältnis beginnst. Im ersten Ausbildungsjahr liegt die Ausbildungsvergütung häufig zwischen 400 und 800 Euro. Sie kann aber auch höher oder niedriger sein. Der Anstieg in den folgenden Ausbildungsjahren ist nach Branche unterschiedlich stark. ■

nach: AZUBIYO GmbH, keine weiteren Angaben, München o.D. (https://www.azubiyo.de/azubi-wissen/ausbildungsverguetung/; Zugriff: 02.08.2018)

Schaubild 6
Tarifliche Ausbildungsvergütungen nach Ausbildungsbereichen 2017 in West- und Ostdeutschland
Durchschnittliche monatliche Beträge in Euro

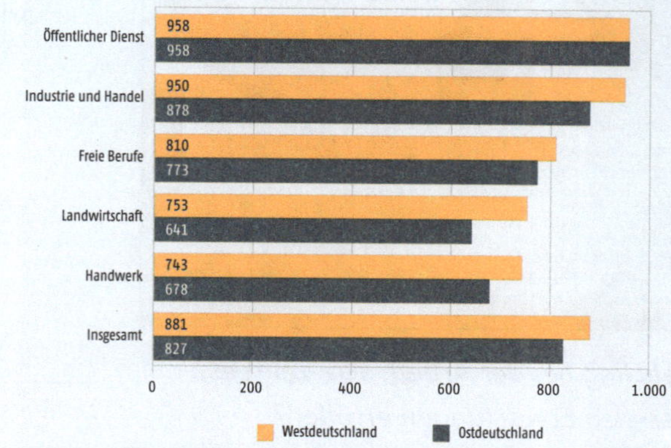

Quelle: Berechnungen des Bundesinstituts für Berufsbildung

1 Suche Gründe, warum die Ausbildungsvergütung so unterschiedlich ist.

T Verglei-che S. 24.

2 Überlege, wie das Gehalt in der Ausbildung deine Berufswahl beeinflusst.

Was erwarte ich von meinem zukünftigen Beruf jetzt?

Bäckerlehrling bei der Arbeit. Wie zeigt es sich, dass sich Erwartungen erfüllen?

1 Vergleiche deine Erwartungen an deinen zukünftigen Beruf jetzt mit denen die du am Anfang deiner Berufsorientierung hattest.

Meine Notizen

Bausteine für das Bewerbungsanschreiben

Hier findest du einige Satzanfänge und Formulierungshilfen für dein Bewerbungsanschreiben. Lies dir die Hilfen aufmerksam durch. Entscheide dich, welche du nutzen möchtest.

T Du kannst alle Sätze so abwandeln, wie du magst.

Die in der Zeitung/auf ihrer Homepage ausgeschriebene Stelle ist mein lange gehegter Berufswunsch. Ich möchte ... werden.

Ich besuche derzeit die ... Schule, die ich im Monat/Jahr mit dem ... Abschluss verlassen werde.

Für die Zeit nach meinem ... Abschluss im Monat/Jahr an der ... Schule plane ich meinen weiteren Ausbildungsweg. Ich würde gerne ...

Für den Beruf des/der ... bin ich gut geeignet. Dies zeigen meine guten Noten in ... /mein handwerkliches Geschick/ technisches Verständnis/ Einfühlungsvermögen.

Bereits in meinem Praktikum/ meinen Praktika bei ... habe ich einen umfassenden Einblick in den Tätigkeitsbereich des/der ... erhalten..

Zu meinen Aufgaben gehörten unter anderem das ...

Bei einer Betriebsbesichtigung mit meiner Klasse ...

Beim Tag der offenen Tür am ... konnte ich einen Blick „hinter die Kulissen Ihres Hauses/Ihrer Firma/in die Ausbildungswerkstatt werfen“. Besonders gefallen hat mir ...

Meine Eltern arbeiten als ... Daher kenne ich den Beruf des ... mit seinen Anforderungen schon seit meiner Kindheit.

Während meines vierwöchigen Ferienjobs in einem/bei ... konnte ich gute Einblicke über den beruflichen Alltag gewinnen. Besonders gefallen hat mir ...

Meine Erfahrungen während eines dreiwöchigen Praktikums in ... haben mich davon überzeugt, dass der Beruf als ... meinen Interessen und Fähigkeiten entspricht.

Wünschen Sie weitere Auskünfte über mich? Es wäre schön, wenn ich mich persönlich bei Ihnen vorstellen darf.

Wenn Sie meine Mappe überzeugt hat würde ich mich freuen, mich Ihnen in einem Gespräch persönlich vorzustellen.

Brauchst Du weitere Formulierungen?
Vielleicht hast Du das Thema schon im Deutschunterricht bearbeitet.